本書の特色と使い方

４段階のステップ学習で、豊かな学力が形成されます。

「音読」「なぞり書き」「書き写し」「暗唱」の４段階のシートで教科書教材を深く理解でき、ゆっくり学んでいくうちに、豊かな学力が形成されます。

ゆっくりていねいに、段階を追った学習ができます。

問題量を少なくした、ゆったりとした紙面構成で、読み書きが苦手な子どもでも、ゆっくりていねいに、段階を追って学習することができます。また、漢字が苦手な子どもでも、学習意欲が減退しないように、問題文の全てにかな文字を記載しています。

光村図書・東京書籍・教育出版の国語教科書から抜粋した詩・物語・説明文教材の問題などを掲載しています。

教科書掲載教材を使用して、授業の進度に合わせて予習・復習ができます。三社の優れた教科書教材を掲載しておりますので、ぜひご活用ください。

どの子も理解できるよう、お手本や例文を記載しています。

問題の考え方や答えの書き方の理解を補助するものとして、はじめに、なぞり書きのできるグレー文字のお手本があります。また、文作りでは例文も記載しています。

あたたかみのあるイラストで、文作りの場面理解を支援しています。

わかりやすいイラストで、文章の理解を深めます。生活の場面をイラストにして、そのイラストに言葉をそえています。イラストにそえられた言葉を手がかりに、子ども自らが文を作れるように配慮してあります。また、イラストの色塗りなども楽しめます。

支援教育の専門の先生の指導をもとに、本書を作成しています。

教科書の内容や構成を研究し、小学校の特別支援学級や支援教育担当の先生方、専門の研究者の先生方のアドバイスをもとに問題を作成しています。

ークシートの解答例について（お家の方や先生方へ）

本書の解答は、あくまでもひとつの「解答例」です。お子さまに取り組ませる前に、必ず指導さる方が問題を解いてください。指導される方の作られた解答をもとに、お子さまの多様な考えにり添って○つけをお願いします。

もっとゆっくりていねいに学べる　**作文ワーク基礎編**

3−①

（光村図書・東京書籍・教育出版の教科書教材より抜粋）

目次

書き写し・音読・暗唱

文作り（ぶんづくり）

書き写し・音読・暗唱　シートの見分け方

…音読・なぞり書き
…音読・書き写し
…音読・覚える・なぞり書き
…暗唱・覚えて書く

わかば ①

しを音読してから、書きうつしましょう。

名前

わかばを見ると
わかばを見ると
むねが晴れ晴れする。
むねが晴れ晴れする。
ぼくら子どもも　ほんとは
ぼくら子どもも　ほんとは
人間のわかば。
人間のわかば。

★書きおわったら、もういちど、音読しましょう。

（令和二年度版　光村図書　国語　三上　わかば　まど・みちお）

わかば ②

名前

しを音読してから、書きうつしましょう。

わかばを見ると

むねが晴れ晴れする。

ぼくら子どもも
ほんとは
人間のわかば。

★書きおわったら、もういちど、音読しましょう。

（令和二年度版　光村図書　国語　三上　わかば　まど・みちお）

わかば ③

名前

しを音読してから、書きうつしましょう。

天が、ほら。

あんなに晴れ晴れしている。

ぼくらを見まもって……。

★書きおわったら、もういちど、音読しましょう。

（令和二年度版　光村図書　国語　三上　わかば　まど・みちお）

わかば　④

名前

しを音読してから、書きうつしましょう。

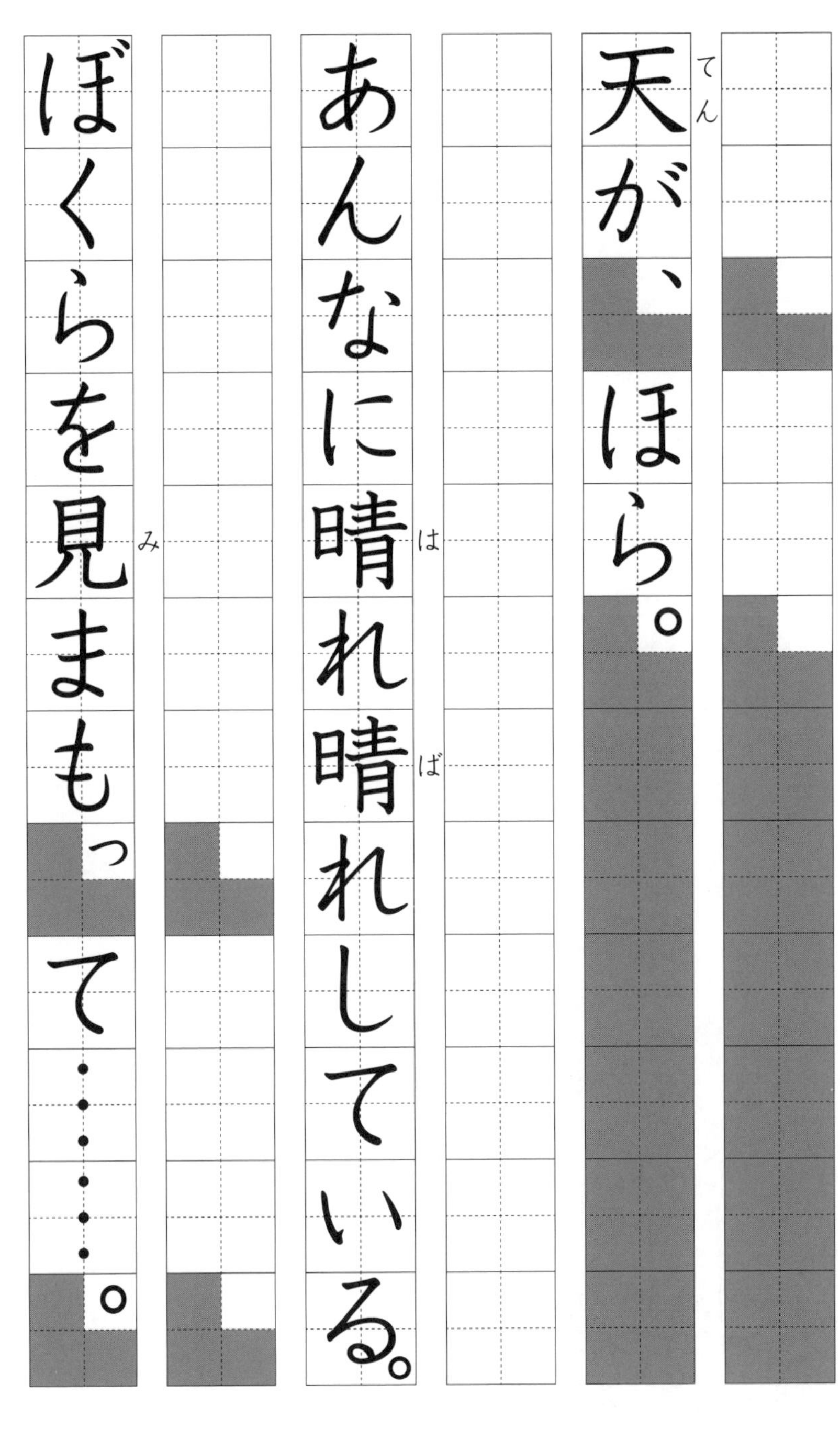

天が、ほら。

あんなに晴れ晴れしている。

ぼくらを見まもって……。

★書きおわったら、もういちど、音読しましょう。

（令和二年度版　光村図書　国語　三上　わかば　まど・みちお）

わかば ⑤

しを音読して、おぼえましょう。また、しを書きましょう。

名前

わかばを見ると
むねが晴れ晴れする。
ぼくら子どももほんとは
人間のわかば。
天が、ほら。
あんなに晴れ晴れしている。
ぼくらを見まもって……。

★書きおわったら、もういちど、音読しましょう。

（令和二年度版　光村図書　国語　三上　わかば　まど・みちお）

わかば ⑥

名前

しをあんしょうしましょう。おぼえたら書きましょう。

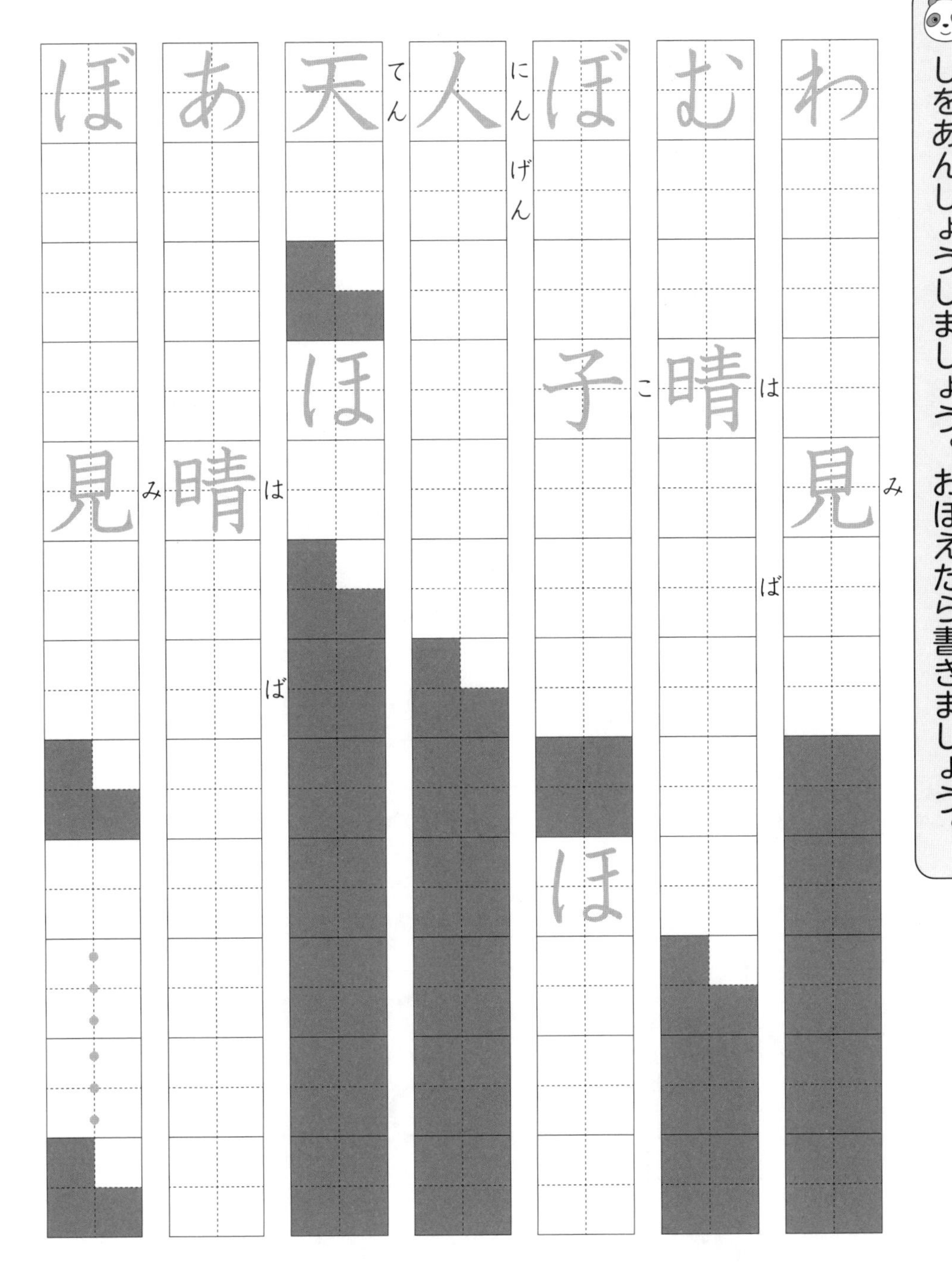

★書きおわったら、もういちど、音読しましょう。

（令和二年度版　光村図書　国語　三上　わかば　まど・みちお）

どきん ①

名前

詩を音読してから、書きうつしましょう。

どきん

谷川 俊太郎

さわってみようかなあ
さわってみようかなあ
つるつる
つるつる
おしてみようかなあ
おしてみようかなあ
ゆらゆら
ゆらゆら

★書きおわったら、もういちど、音読しましょう。

（令和二年度版　光村図書　国語　三上　わかば　谷川　俊太郎）

どきん ②

名前

詩を音読してから、書きうつしましょう。

どきん

谷川 俊太郎

さわっ
てみようかなあ
つるつる
おしてみようかなあ
ゆらゆら

★書きおわったら、もういちど、音読しましょう。

（令和二年度版　光村図書　国語　三上　わかば　谷川　俊太郎）

どきん ③

名前

詩を音読してから、書きうつしましょう。

もすこしおそうかなあ
もすこしおそうかなあ

ぐらぐら
ぐらぐら

もいちどおそうかあ
もいちどおそうかあ

がらがら
がらがら

たおれちゃったよなあ
たおれちゃったよなあ

えへへ
えへへ

★書きおわったら、もういちど、音読しましょう。

（令和二年度版　光村図書　国語　三上　わかば　谷川　俊太郎）

どきん ④

名前

詩を音読してから、書きうつしましょう。

もすこしおそうかなあ

ぐらぐら

もいちどおそうかあ

がらがらがら

たおれちゃった よなあ

えへへ

★書きおわったら、もういちど、音読しましょう。

（令和二年度版　光村図書　国語　三上　わかば　谷川　俊太郎）

どきん ⑤

名前

詩を音読してから、書きうつしましょう。

いんりょく　かんじるねえ
いんりょく　かんじるねえ
みしみし
みしみし
ちきゅうはまわってるう
ちきゅうはまわってるう
ぐいぐい
ぐいぐい

★書きおわったら、もういちど、音読しましょう。

（令和二年度版　光村図書　国語　三上　わかば　谷川　俊太郎）

どきん　⑥

名前

詩を音読してから、書きうつしましょう。

いんりょくかんじるねえ
みしみし
ちきゅうはまわってるう
ぐいぐい

★書きおわったら、もういちど、音読しましょう。

（令和二年度版　光村図書　国語　三上　わかば　谷川　俊太郎）

どきん ⑦

詩を音読してから、書きうつしましょう。

名前

かぜもふいてるよお
かぜもふいてるよお
そよそよ
そよそよ
あるきはじめるかあ
あるきはじめるかあ
ひたひた
ひたひた
だれかがふりむいた！
だれかがふりむいた！
どきん
どきん

★書きおわったら、もういちど、音読しましょう。

（令和二年度版　光村図書　国語　三上　わかば　谷川　俊太郎）

どきん ⑧

名前

詩を音読してから、書きうつしましょう。

かぜもふいてるよお
そよそよ
あるきはじめるかあ
ひたひた
だれかがふりむいた！
どきん

★書きおわったら、もういちど、音読しましょう。

（令和二年度版　光村図書　国語　三上　わかば　谷川　俊太郎）

どきん ⑨

名前

詩を音読して、おぼえましょう。また、詩を書きましょう。

どきん

谷川 俊太郎

さわってみようかなあ
つるつる
おしてみようかなあ
ゆらゆら
もすこしおそうかなあ
ぐらぐら
もいちどおそうかあ
がらがら
たおれちゃったよなあ
えへへ

★書きおわったら、もういちど、音読しましょう。

（令和二年度版　光村図書　国語　三上　わかば　谷川　俊太郎）

どきん ⑩

名前

詩をあんしょうしましょう。おぼえたら書きましょう。

どきん

谷川 俊太郎

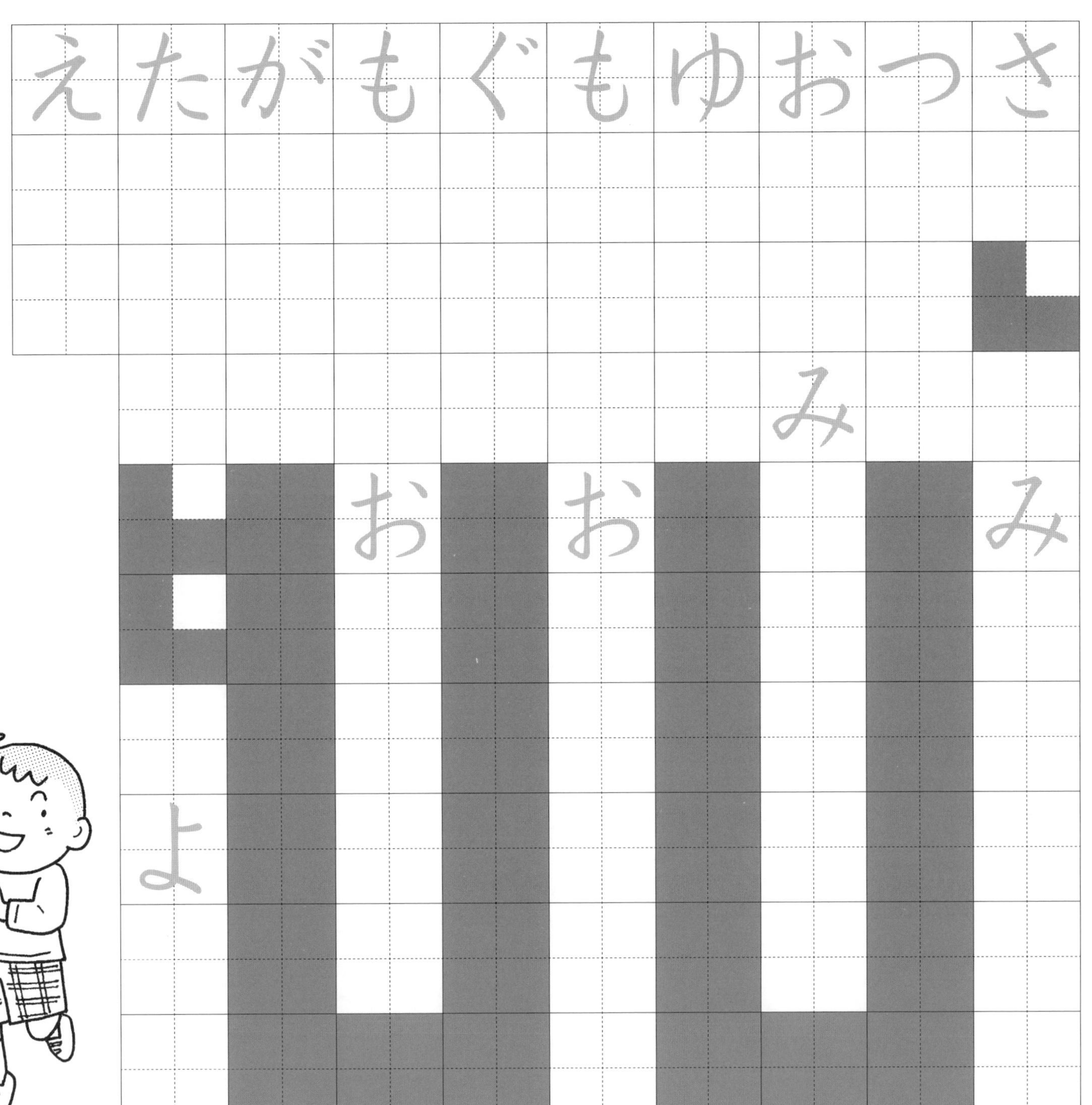

★書きおわったら、もういちど、音読しましょう。

（令和二年度版　光村図書　国語　三上　わかば　谷川　俊太郎）

どきん ⑪

名前

詩を音読して、おぼえましょう。また、詩を書きましょう。

いんりょくかんじるねえ
みしみし
ちきゅうはまわってるう
ぐいぐい
かぜもふいてるよお
そよそよ
あるきはじめるかあ
ひたひた
だれかがふりむいた！
どきん

★書きおわったら、もういちど、音読しましょう。

（令和二年度版　光村図書　国語　三上　わかば　谷川　俊太郎）

どきん ⑫

名前

詩をあんしょうしましょう。おぼえたら書きましょう。

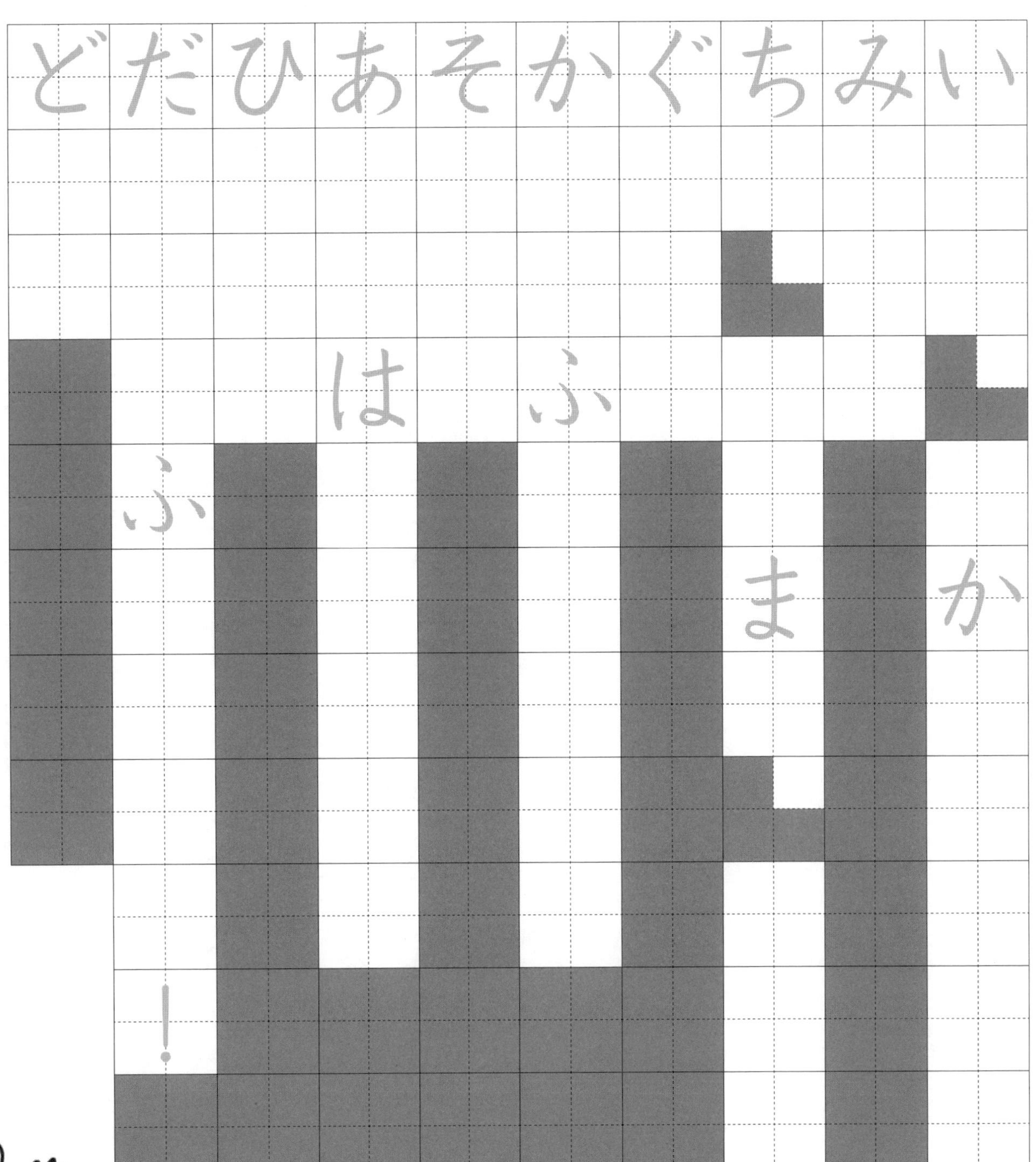

★書きおわったら、もういちど、音読しましょう。

（令和二年度版　光村図書　国語　三上　わかば　谷川　俊太郎）

すいせんのラッパ ①

名前

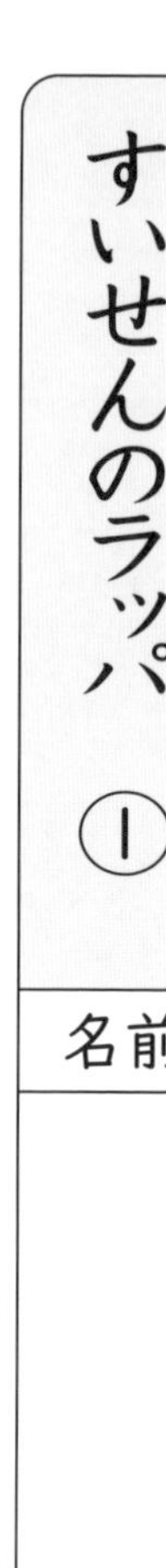

文しょうを音読してから、書きうつしましょう。

春のまん中のお話です。

池のそばのすいせんが、金色のラッパを

プル・プル・プーとふいて、

よい音が出るかどうか

ためしていました。

★書きおわったら、もういちど、音読しましょう。

（令和二年度版　東京書籍　新しい国語　三上　工藤　直子）

すいせんのラッパ　②

名前

文しょうを音読してから、書きうつしましょう。

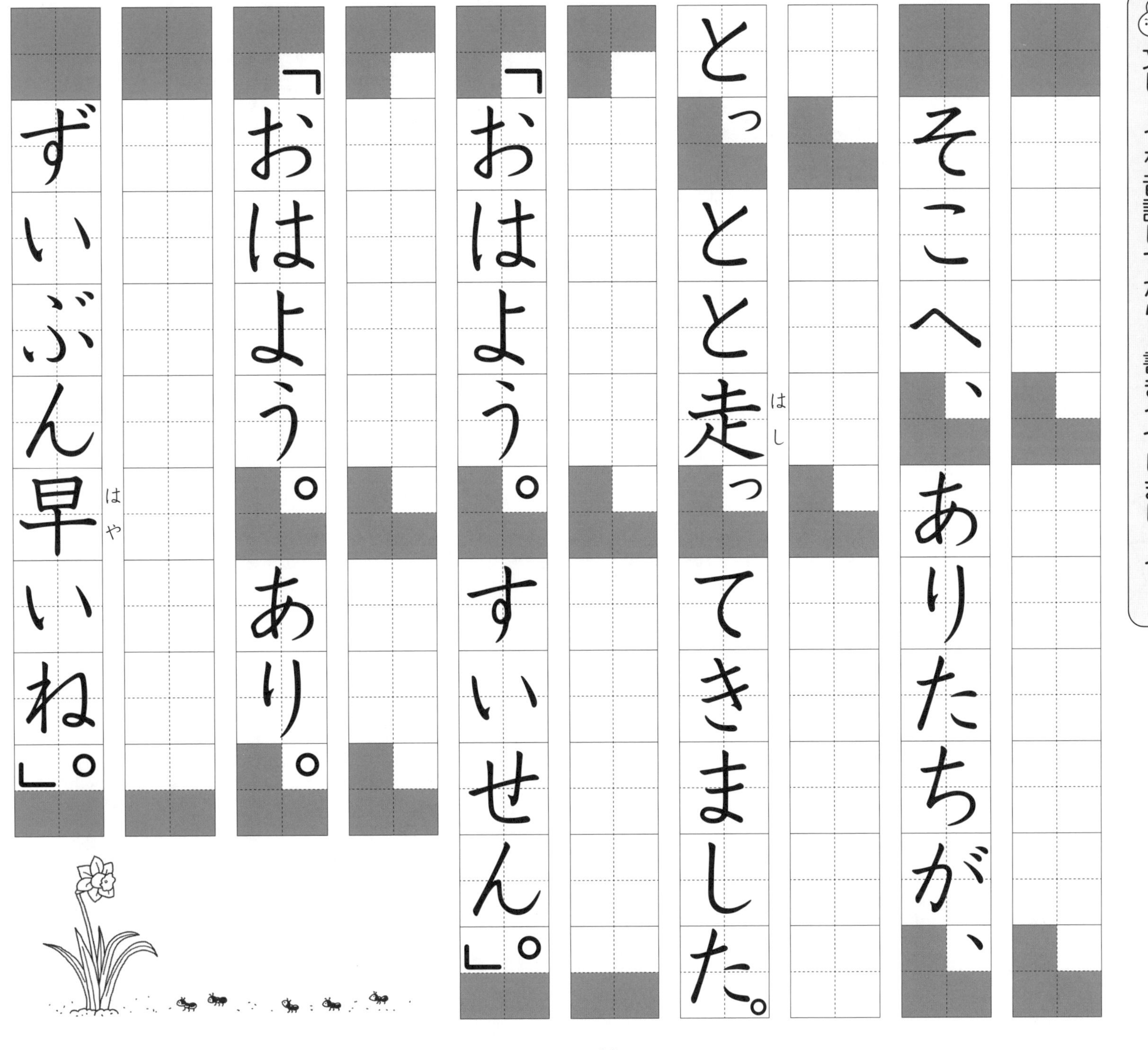

そこへ、ありたちが、
とっとと走ってきました。

「おはよう。すいせん。」

「おはよう。あり。」

ずいぶん早いね。」

★書きおわったら、もういちど、音読しましょう。

（令和二年度版　東京書籍　新しい国語　三上　工藤　直子）

すいせんのラッパ　③

名前

文しょうを音読してから、書きうつしましょう。

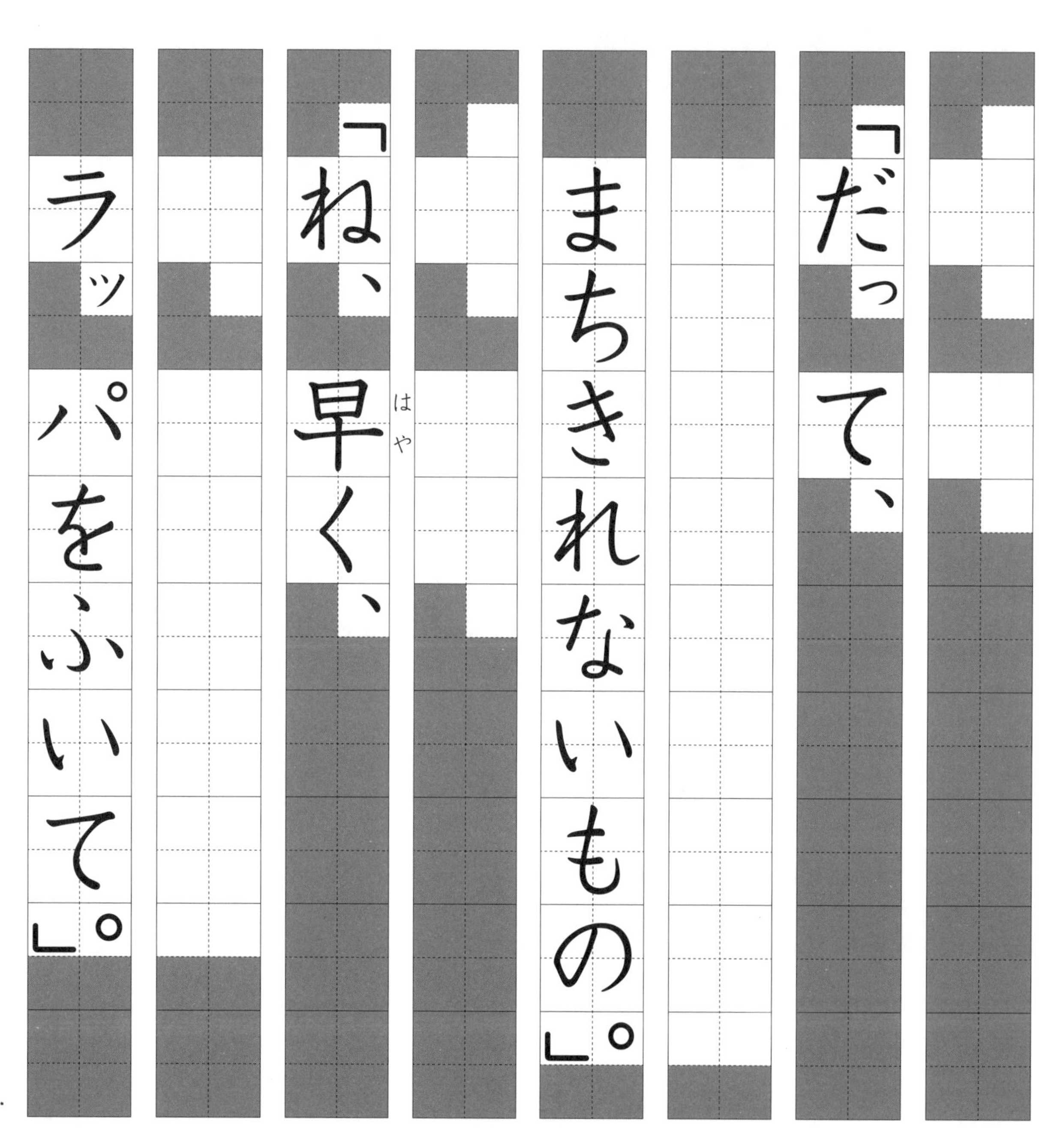

「だって、まちきれないもの。」

「ね、早く、ラッパをふいて。」

★書きおわったら、もういちど、音読しましょう。

（令和二年度版　東京書籍　新しい国語　三上　工藤　直子）

すいせんのラッパ ④

名前

文しょうを音読してから、書きうつしましょう。

「そっちに上がっていい？」

ありたちは、わいわい

はしゃいで、すいせんの

葉っぱに上ってきました。

★書きおわったら、もういちど、音読しましょう。

（令和二年度版　東京書籍　新しい国語　三上　工藤　直子）

すいせんのラッパ ⑤

名前

文しょうを音読してから、書きうつしましょう。

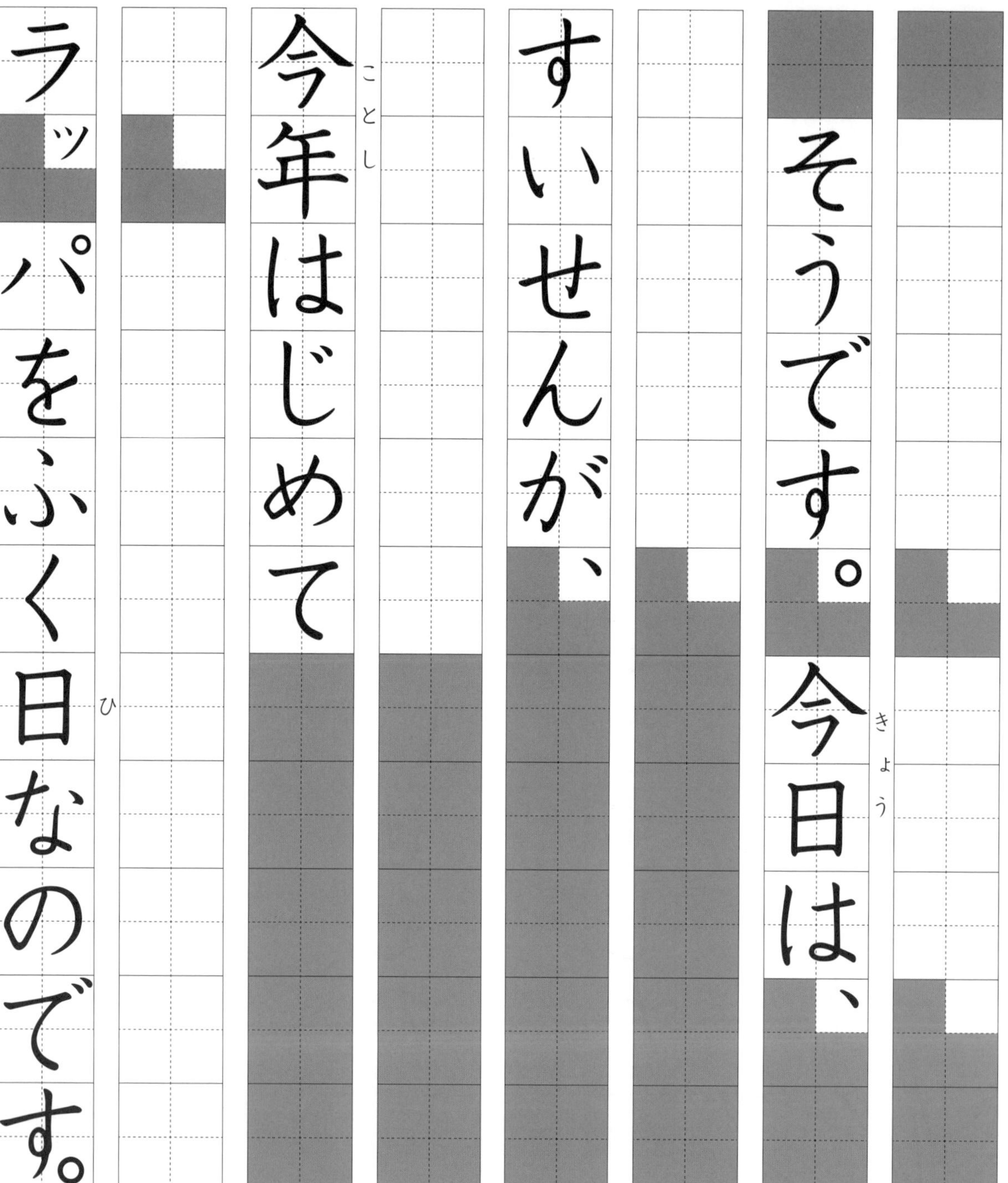

そうです。今日は、すいせんが、今年はじめてラッパをふく日なのです。

★書きおわったら、もういちど、音読しましょう。

（令和二年度版　東京書籍　新しい国語　三上　工藤　直子）

すいせんのラッパ　⑥

名前

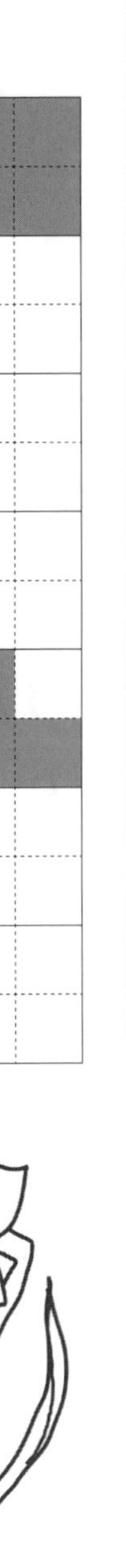

文しょうを音読してから、書きうつしましょう。

なぜラッパを
ふくかというとね、
冬の間ねむっていた
かえるたちに、
春ですよ起きなさいと
知らせてあげるためです。

★書きおわったら、もういちど、音読しましょう。

（令和二年度版　東京書籍　新しい国語　三上　工藤　直子）

自然のかくし絵 ①

名前

文しょうを音読してから、書きうつしましょう。

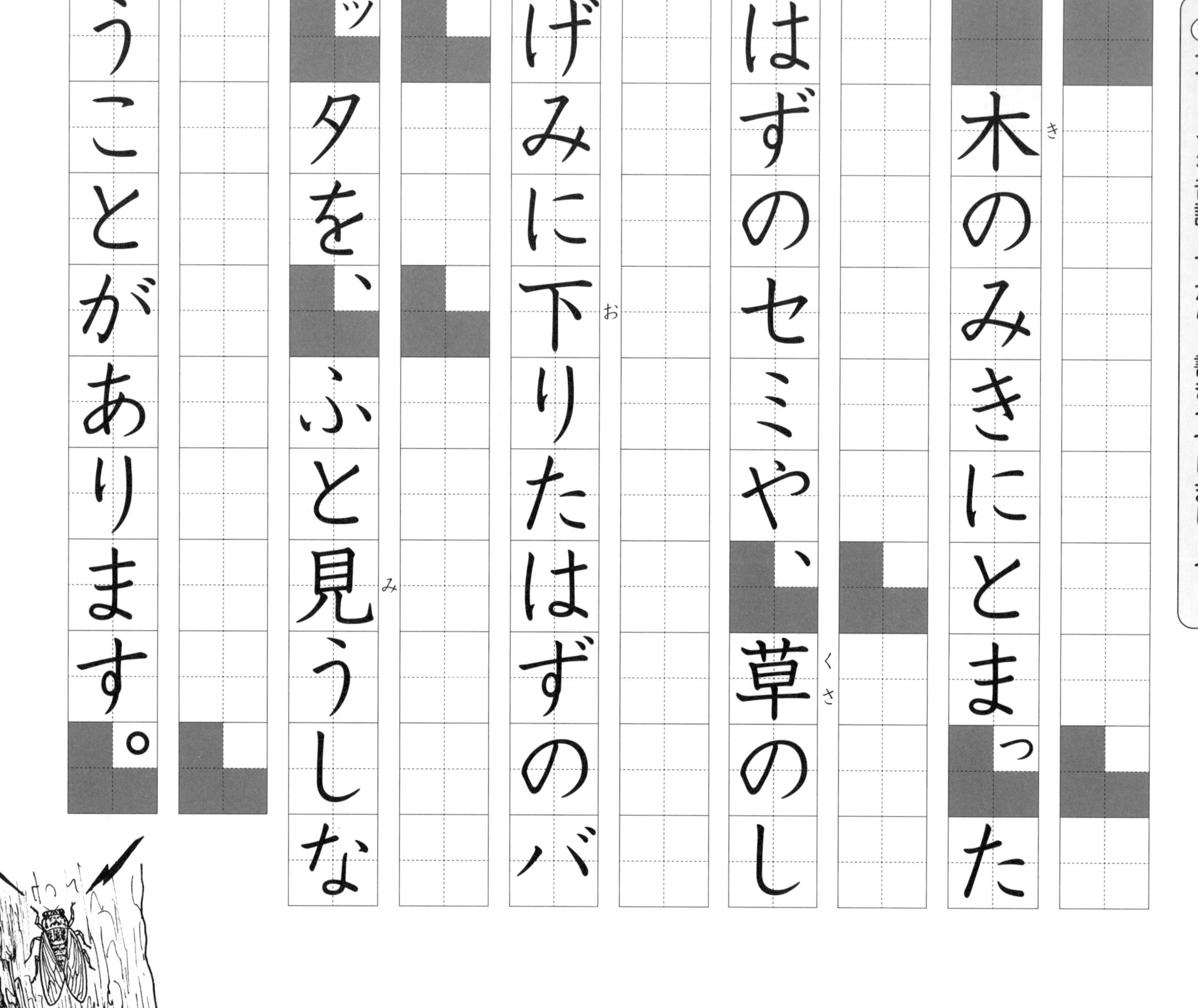

木のみきにとまったはずのセミや、草のしげみに下りたはずのバッタを、ふと見うしなうことがあります。

★書きおわったら、もういちど、音読しましょう。

（令和二年度版　東京書籍　新しい国語　三上　矢島　稔）

自然のかくし絵 ②

名前

文しょうを音読してから、書きうつしましょう。

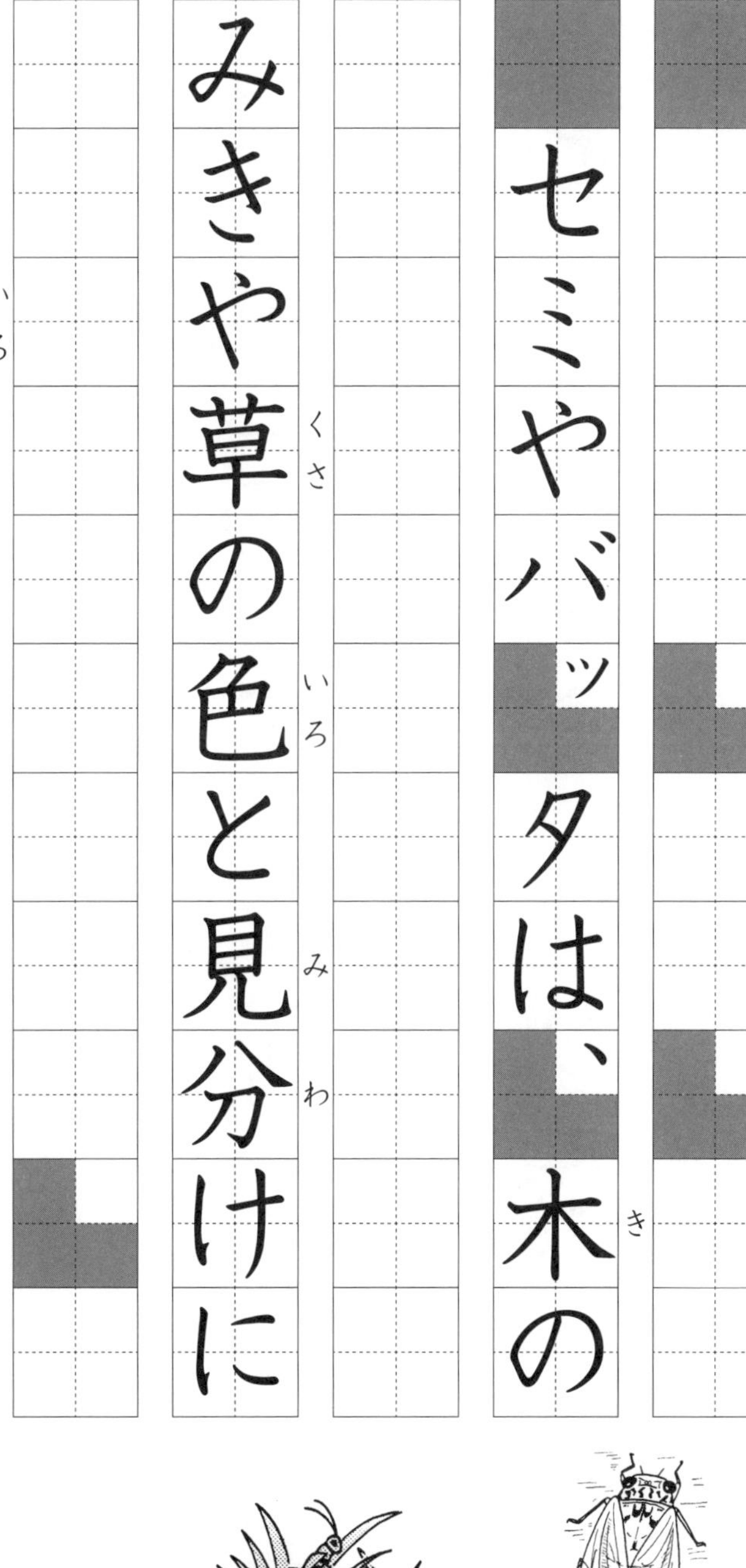

セミやバッタは、木のみきや草の色と見分けにくい色をしています。まわりの色と見分けにくい体の色は、てきから身をかくすのに役立ちます。

★書きおわったら、もういちど、音読しましょう。

（令和二年度版　東京書籍　新しい国語　三上　矢島　稔）

自然のかくし絵 ③

名前

文しょうを音読してから、書きうつしましょう。

身をかくすのに役立つ色のことをほご色といいます。

こん虫は、ほご色によって、どのようにてきから身をかくしているのでしょうか。

★書きおわったら、もういちど、音読しましょう。

（令和二年度版　東京書籍　新しい国語　三上　矢島　稔）

自然のかくし絵 ④

名前

文しょうを音読してから、書きうつしましょう。

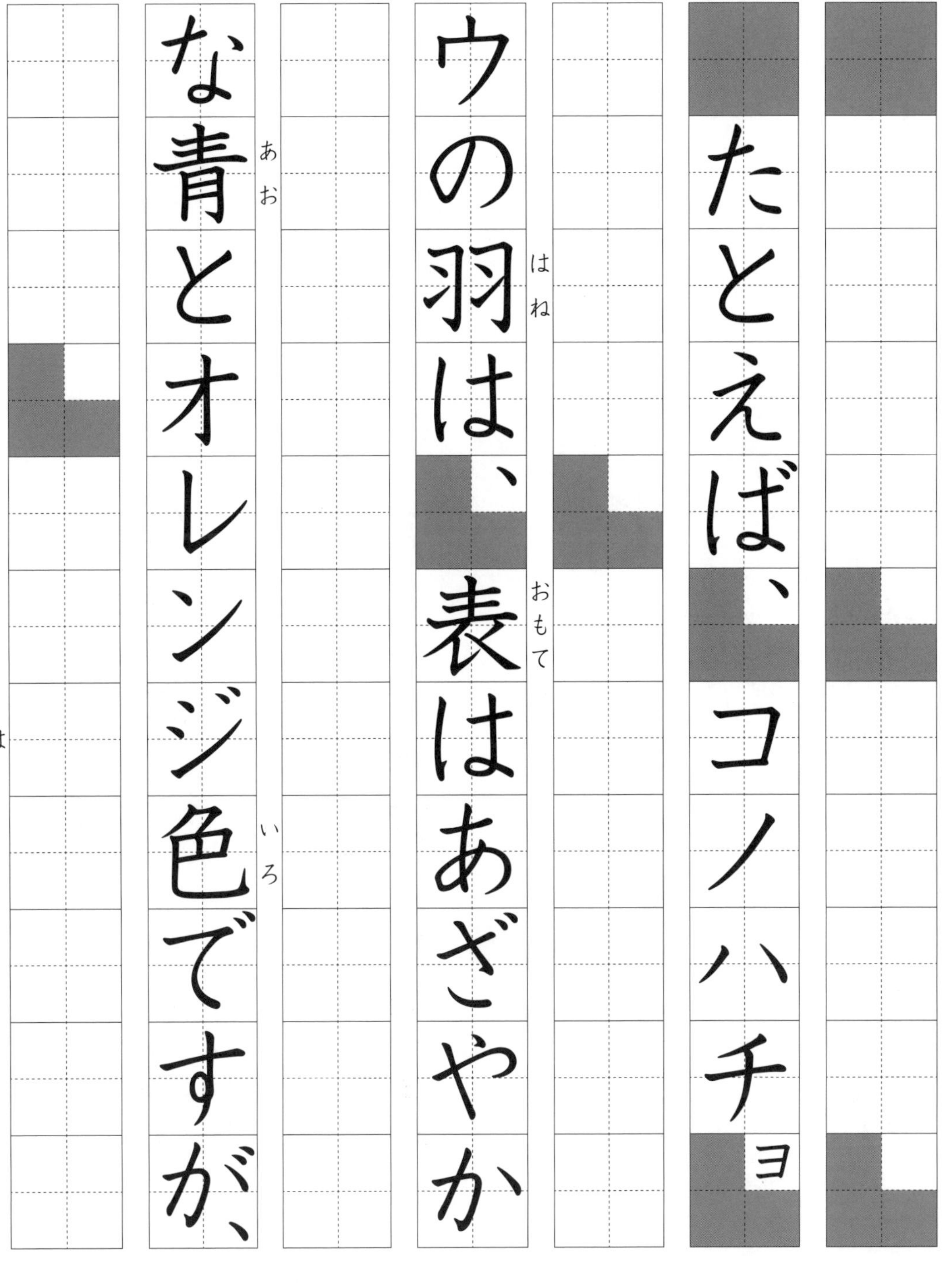

たとえば、コノハチョウの羽は、表はあざやかな青とオレンジ色ですが、うらは、かれ葉のような色をしています。

★書きおわったら、もういちど、音読しましょう。

（令和二年度版 東京書籍 新しい国語 三上 矢島 稔）

自然のかくし絵 ⑤

名前

文しょうを音読してから、書きうつしましょう。

それに、羽をとじたときの形も木の葉そっくりです。そのため、木のえだにとまっていると、えだにのこったかれ葉と見分けがつきません。

★書きおわったら、もういちど、音読しましょう。

（令和二年度版　東京書籍　新しい国語　三上　矢島　稔）

きつつきの商売 ①

名前

文しょうを音読してから、書きうつしましょう。

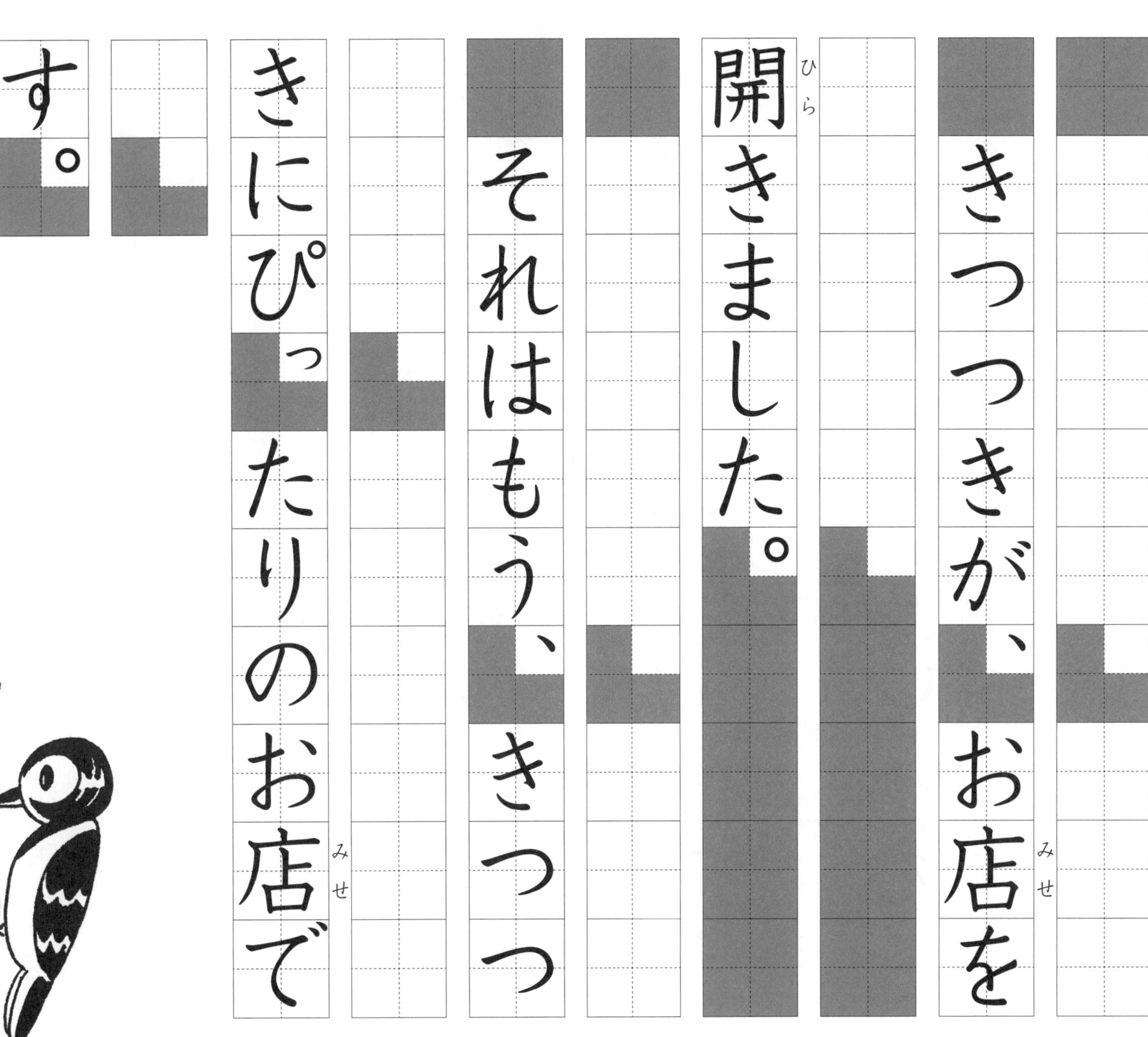

きつつきが、お店を開きました。

それはもう、きつつきにぴったりのお店です。

★書きおわったら、もういちど、音読しましょう。

（令和二年度版　光村図書　国語　三上　わかば　林原　玉枝）

きつつきの商売 ②

名前

文しょうを音読してから、書きうつしましょう。

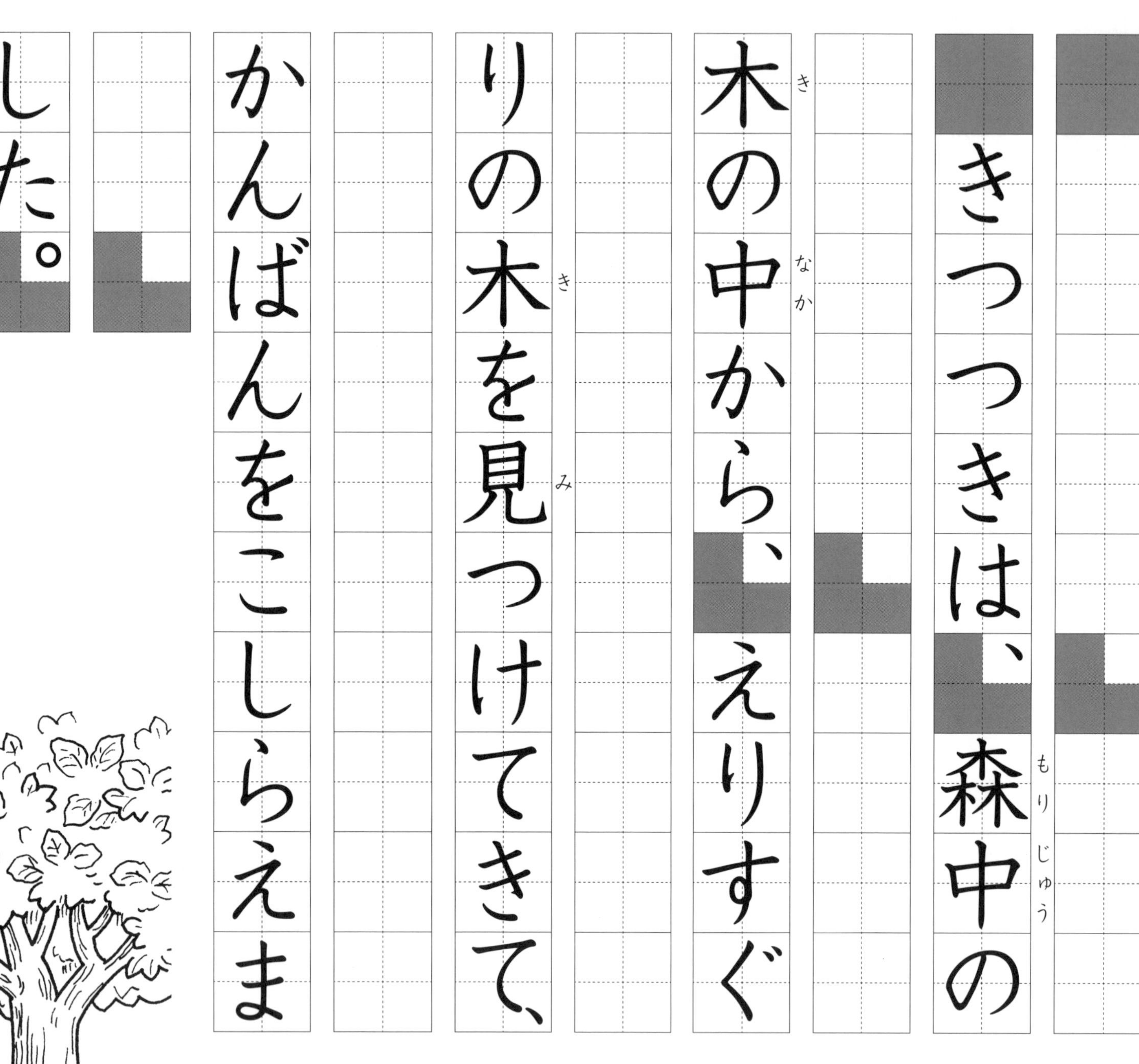

きつつきは、森中の木の中から、えりすぐりの木を見つけてきて、かんばんをこしらえました。

★書きおわったら、もういちど、音読しましょう。

（令和二年度版　光村図書　国語　三上　わかば　林原　玉枝）

きつつきの商売　③

名前

文しょうを音読してから、書きうつしましょう。

かんばんにきざん
だお店の名前は、こ
うです。
おとや

★書きおわったら、もういちど、音読しましょう。

（令和二年度版　光村図書　国語　三上　わかば　林原　玉枝）

きつつきの商売 ④

名前

文しょうを音読してから、書きうつしましょう。

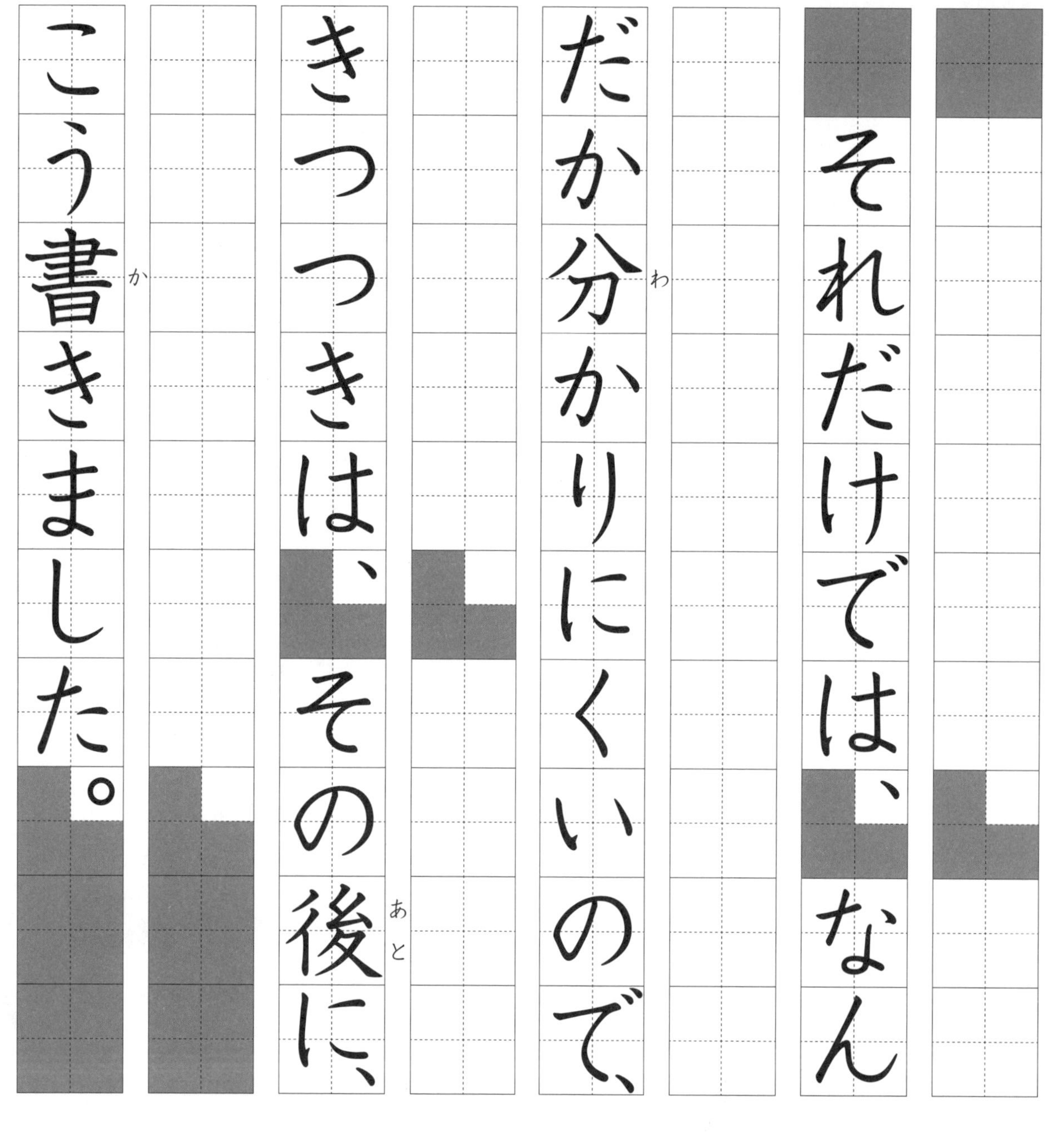

それだけでは、なんだか分かりにくいので、きつつきは、その後に、こう書きました。

★書きおわったら、もういちど、音読しましょう。

（令和二年度版　光村図書　国語　三上　わかば　林原　玉枝）

きつつきの商売 ⑤

名前

文しょうを音読してから、書きうつしましょう。

「できたての音、すてきな
いい音、お聞かせします。
四分音符一こにつき、ど
れでも百リル」。
「へええ。どれでも百リル。
どんな音があるのかしら。」

★書きおわったら、もういちど、音読しましょう。

（令和二年度版　光村図書　国語　三上　わかば　林原　玉枝）

きつつきの商売 ⑥

名前

文しょうを音読してから、書きうつしましょう。

そう言って、まっさき

にやって来たのは、茶

色い耳をぴんと立てた

野うさぎでした。

★書きおわったら、もういちど、音読しましょう。

（令和二年度版　光村図書　国語　三上　わかば　林原　玉枝）

きつつきの商売 ⑦

名前

文しょうを音読してから、書きうつしましょう。

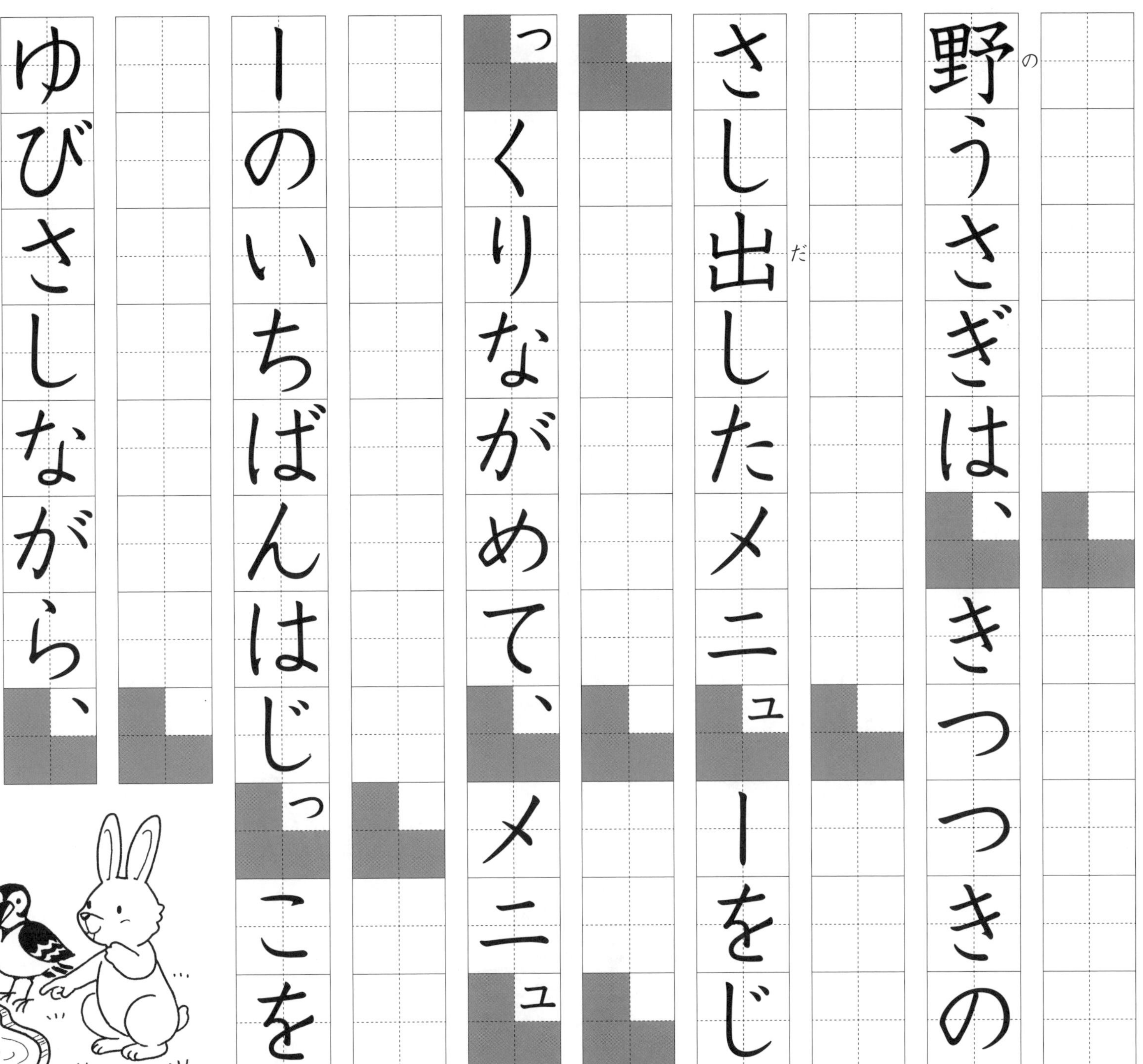

野うさぎは、
きつつきの
さし出した
メニューをじ
っくりながめて、
メニュ
ーのいちばんはじっこを
ゆびさしながら、

★書きおわったら、もういちど、音読しましょう。

（令和二年度版　光村図書　国語　三上　わかば　林原　玉枝）

きつつきの商売 ⑧

名前

文しょうを音読してから、書きうつしましょう。

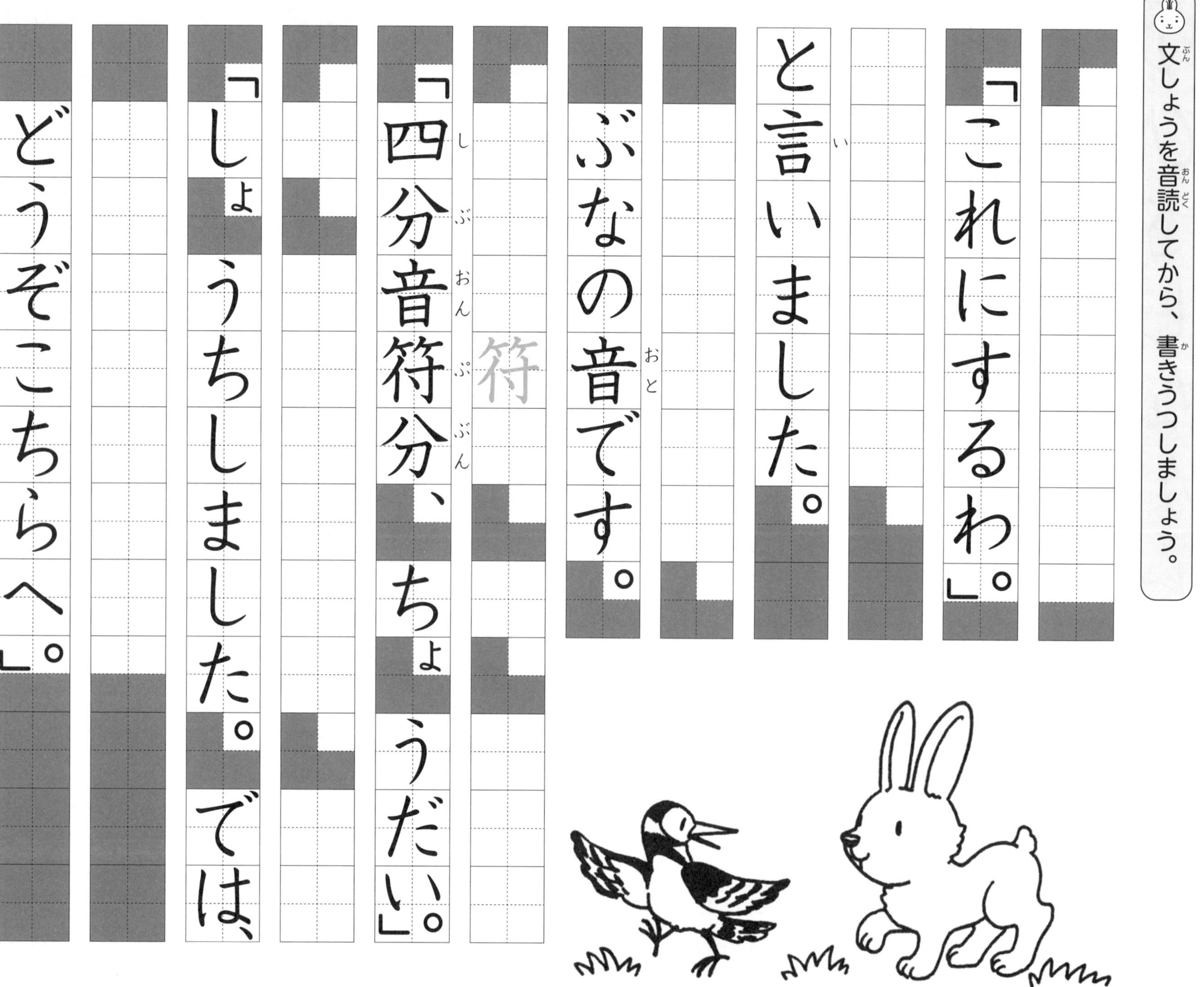

「これにするわ。」

と言いました。

ぶなの音です。

「四分音符分、ちょうだい。」

「しょうちしました。では、
どうぞこちらへ。」

符

★書きおわったら、もういちど、音読しましょう。

（令和二年度版　光村図書　国語　三上　わかば　林原　玉枝）

きつつきの商売 ⑨

名前

文しょうを音読してから、書きうつしましょう。

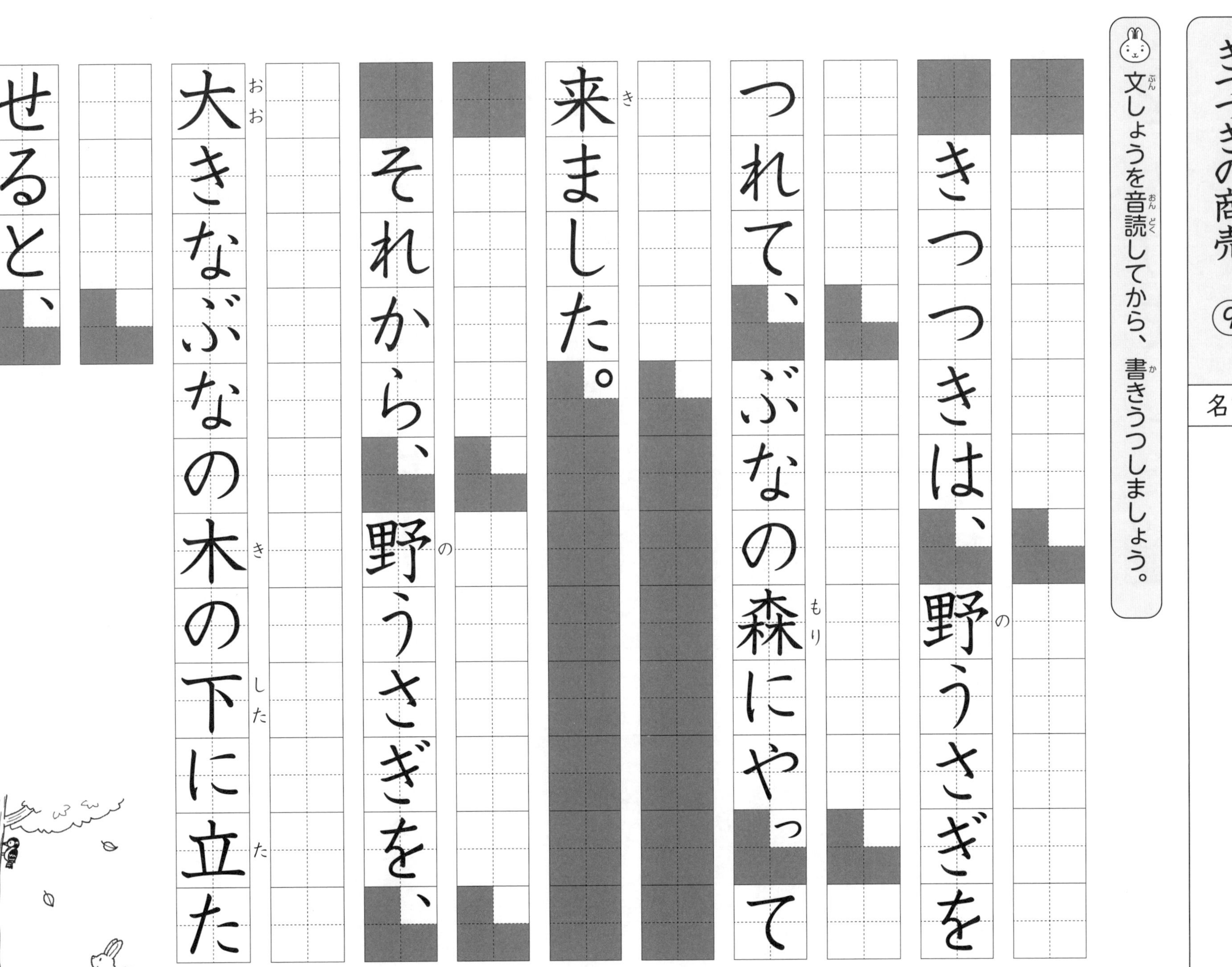

きつつきは、野うさぎを
つれて、ぶなの森にやって
来ました。
それから、野うさぎを、
大きなぶなの木の下に立た
せると、

★書きおわったら、もういちど、音読しましょう。

（令和二年度版　光村図書　国語　三上　わかば　林原　玉枝）

きつつきの商売 ⑩

名前

文しょうを音読してから、書きうつしましょう。

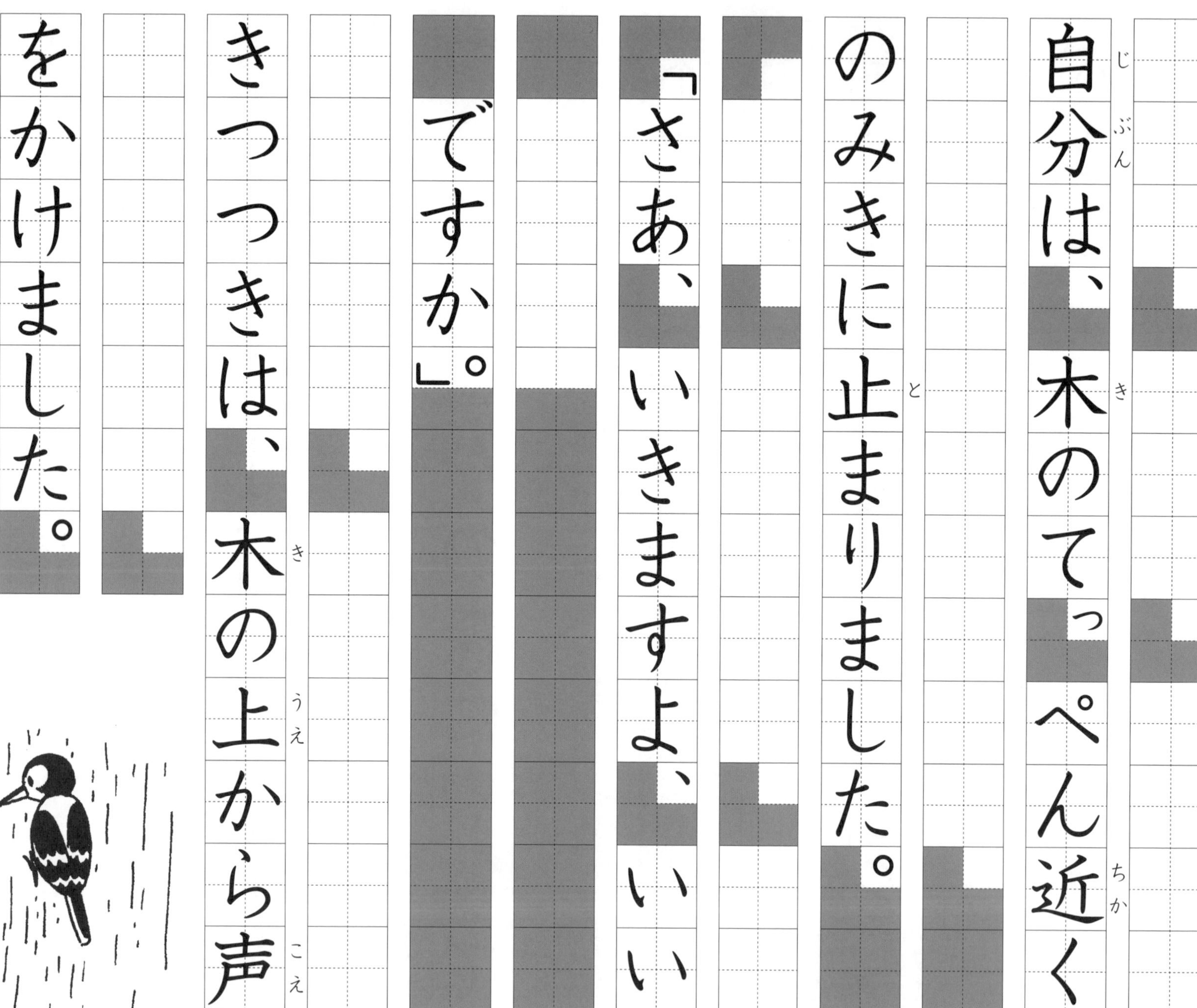

自分は、木のてっぺん近くのみきに止まりました。

「さあ、いきますよ、いいですか。」

きつつきは、木の上から声をかけました。

★書きおわったら、もういちど、音読しましょう。

（令和二年度版　光村図書　国語　三上　わかば　林原　玉枝）

きつつきの商売 ⑪

名前

文しょうを音読してから、書きうつしましょう。

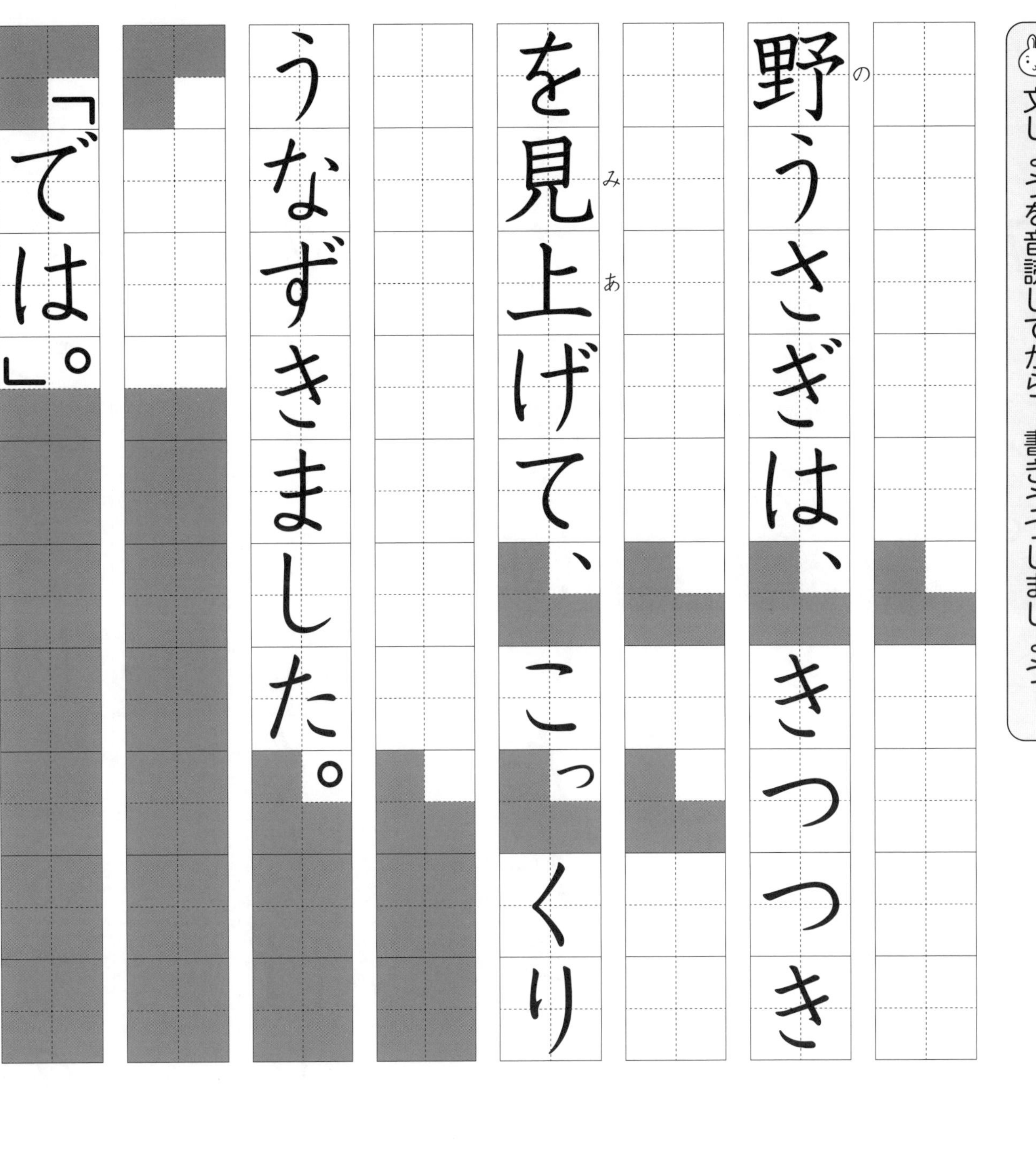

野うさぎは、きつつきを見上げて、こっくりうなずきました。

「では。」

★書きおわったら、もういちど、音読しましょう。

（令和二年度版　光村図書　国語　三上　わかば　林原　玉枝）

きつつきの商売 ⑫

名前

文しょうを音読してから、書きうつしましょう。

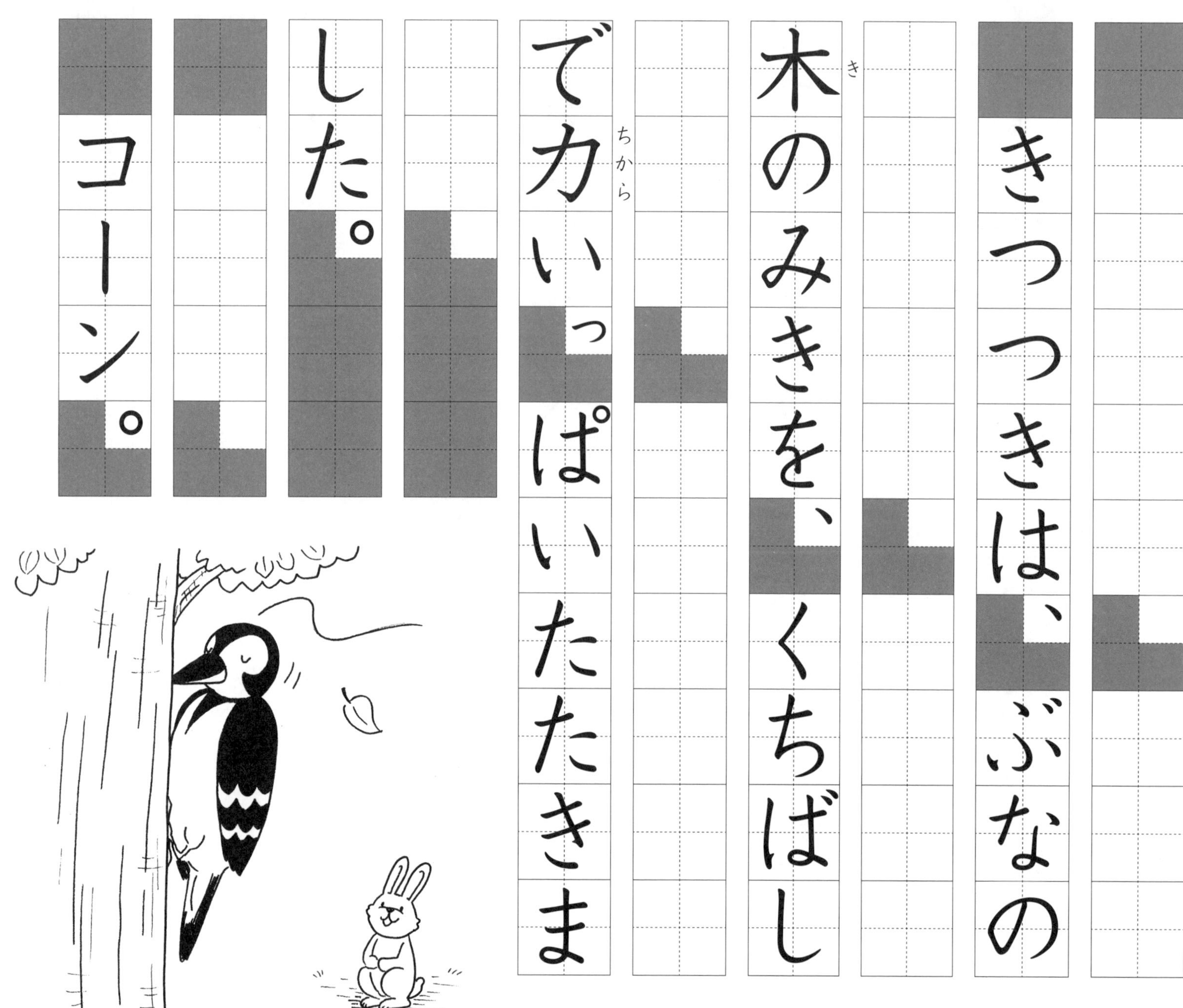

きつつきは、ぶなの木のみきを、くちばしで力いっぱいたたきました。

コーン。

★書きおわったら、もういちど、音読しましょう。

（令和二年度版　光村図書　国語　三上　わかば　林原　玉枝）

きつつきの商売 ⑬

名前

文しょうを音読してから、書きうつしましょう。

ぶなの木の音が、ぶなの
森にこだましました。
野うさぎは、きつつきを
見上げたまま、だまって聞
いていました。

★書きおわったら、もういちど、音読しましょう。

（令和二年度版　光村図書　国語　三上　わかば　林原　玉枝）

きつつきの商売（しょうばい） ⑭

名前

文（ぶん）しょうを音読（おんどく）してから、書（か）きうつしましょう。

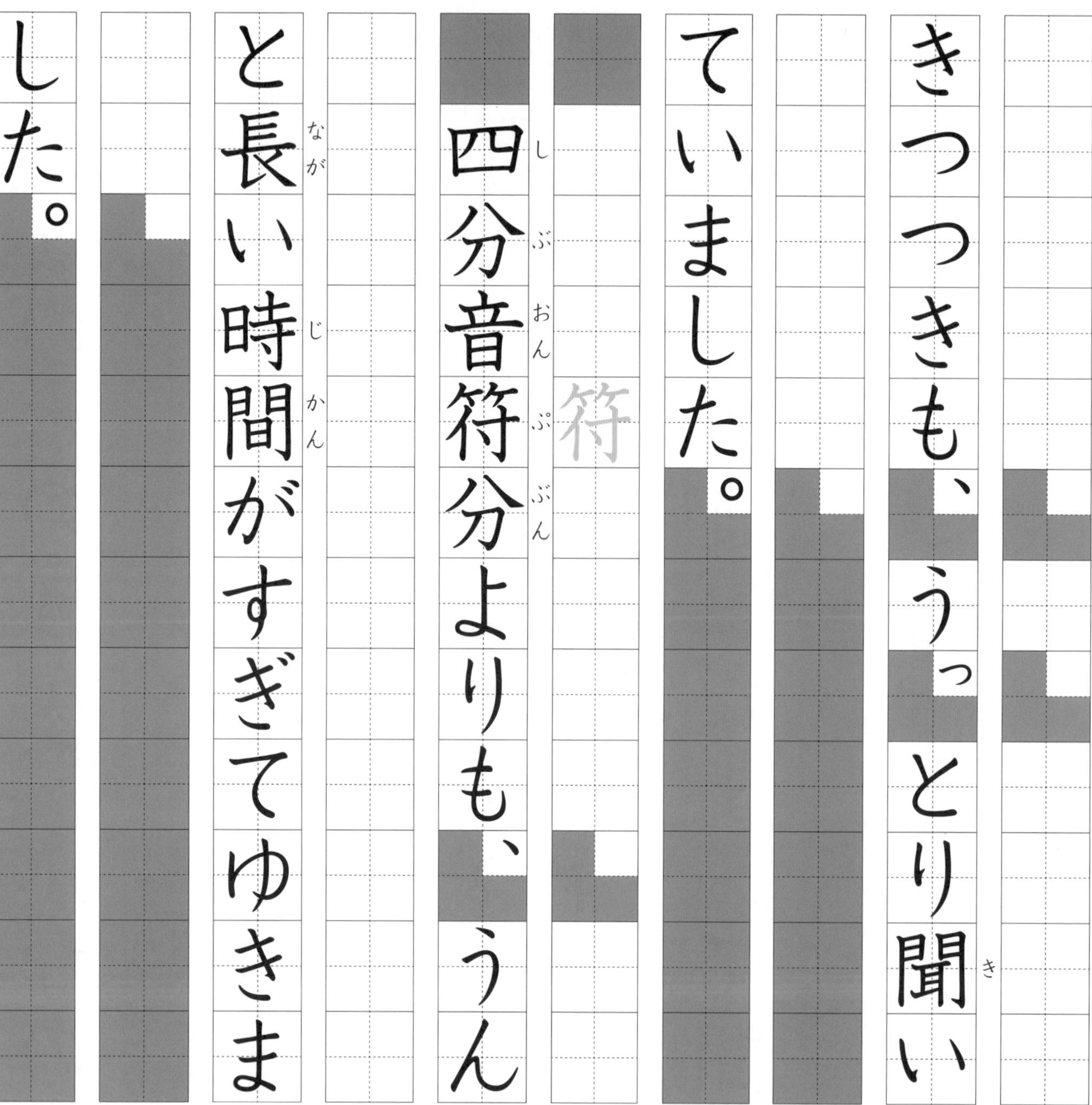

きつつきも、うっとり聞（き）いていました。四分音符分（しぶおんぷぶん）よりも、うんと長（なが）い時間（じかん）がすぎてゆきました。

★書（か）きおわったら、もういちど、音読（おんどく）しましょう。

（令和二年度版　光村図書　国語　三上　わかば　林原　玉枝）

みどり　①

名前

詩を音読してから、書きうつしましょう。

みどり

内田　麟太郎

みどり
まみどり
みどり
まみどり
こいみどり
こいみどり
はるの
のやまは
はるの
のやまは
よりどり
みどり
よりどり
みどり

★書きおわったら、もういちど、音読しましょう。

（令和二年度版　光村図書　国語　三上　わかば　内田　麟太郎）

みどり ②

名前

詩を音読してから、書きうつしましょう。

みどり

内田　麟太郎

みどり
まみどり
こいみどり
はるの
のやまは
よりどり
みどりみどり

★書きおわったら、もういちど、音読しましょう。

（令和二年度版　光村図書　国語　三上　わかば　内田　麟太郎）

みどり ③

名前

詩を音読してから、書きうつしましょう。

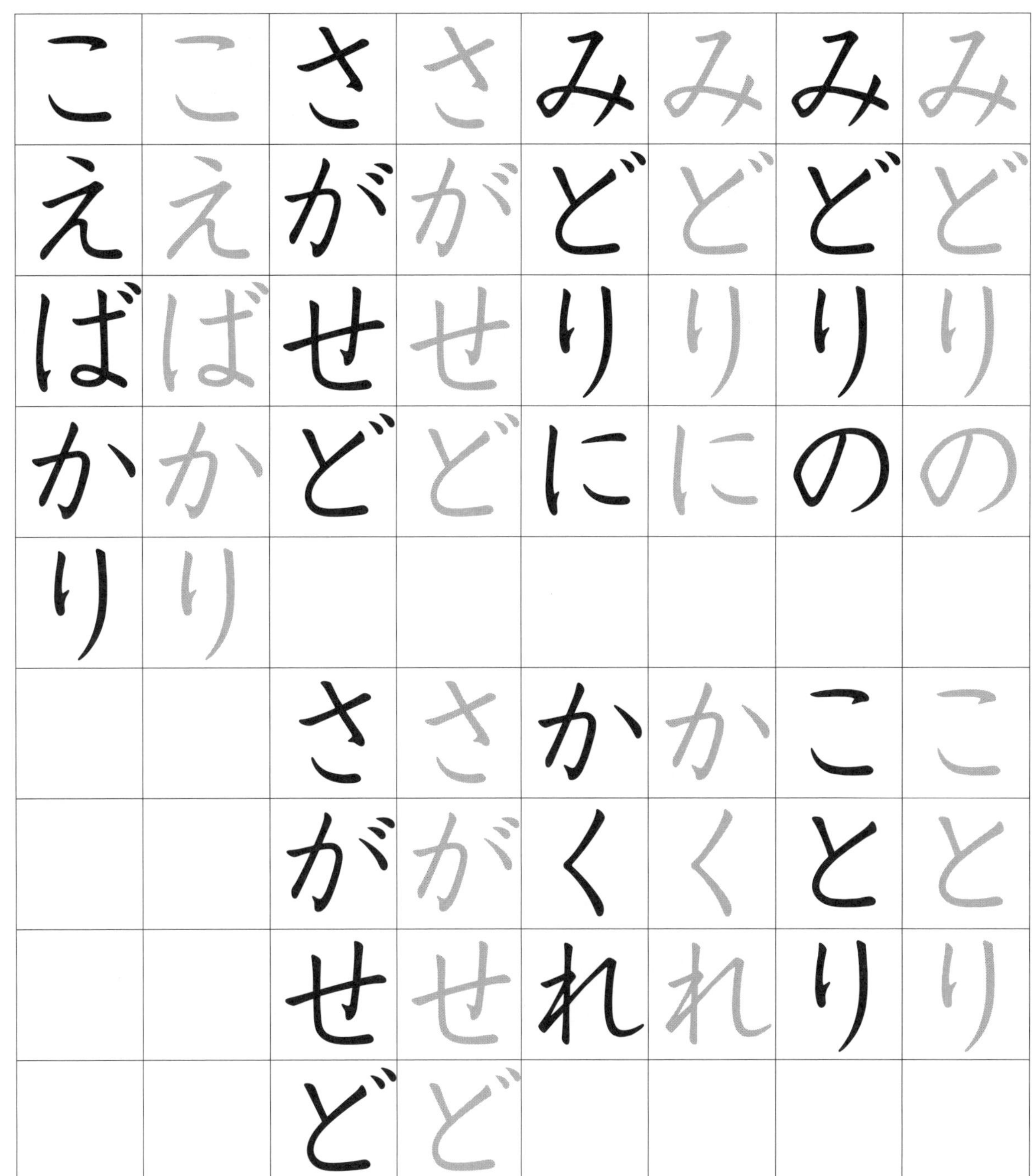

★書きおわったら、もういちど、音読しましょう。

（令和二年度版　光村図書　国語　三上　わかば　内田　麟太郎）

みどり ④

名前

詩を音読してから、書きうつしましょう。

★書きおわったら、もういちど、音読しましょう。

（令和二年度版　光村図書　国語　三上　わかば　内田　麟太郎）

みどり ⑤

名前

詩を音読して、おぼえましょう。また、詩を書きましょう。

みどり

内田 麟太郎

みどり　まみどり
こいみどり
はるの　のやまは
よりどりみどり
みどりの　ことり
みどりに　かくれ
さがせど　さがせど
こえばかり

★書きおわったら、もういちど、音読しましょう。

（令和二年度版　光村図書　国語　三上　わかば　内田　麟太郎）

みどり　⑥

名前

詩をあんしょうしましょう。おぼえたら書きましょう。

みどり

内田　麟太郎

★書きおわったら、もういちど、音読しましょう。

（令和二年度版　光村図書　国語　三上　わかば　内田　麟太郎）

俳句を楽しもう ①

名前

俳句を音読してから、書きうつしましょう。

①
古池や
蛙飛びこむ
水の音

松尾芭蕉

②
閑かさや
岩にしみ入る
蝉の声

松尾芭蕉

★書きおわったら、もういちど、音読しましょう。

③
春の海
終日のたりのたりかな

与謝蕪村

（令和二年度版 光村図書 国語 三上 わかば「俳句を楽しもう」による）
※②の俳句は、令和二年度版 東京書籍 新しい国語 三下 にも掲載されています。

俳句を楽しもう ②

名前

俳句を音読してから、書きうつしましょう。

①

古池や
蛙飛びこむ
水の音

松尾芭蕉

②

閑かさや
岩にしみ入る
蝉の声

松尾芭蕉

③

春の海
終日のたり
のたりかな

与謝蕪村

★書きおわったら、もういちど、音読しましょう。

（令和二年度版　光村図書　国語　三上　わかば「俳句を楽しもう」による）
※②の俳句は、令和二年度版　東京書籍　新しい国語　三下　にも掲載されています。

俳句を楽しもう ③

名前

俳句を音読してから、書きうつしましょう。

①

菜の花や

菜の花や

月は東に

月は東に

日は西に

日は西に

与謝蕪村

②

雪とけて

雪とけて

村いっぱいの

村いっぱいの

子どもかな

子どもかな

小林一茶

★書きおわったら、もういちど、音読しましょう。

③

夏山や

夏山や

一足づつに

一足づつに（ず）

海見ゆる

海見ゆる

小林一茶

（令和二年度版 光村図書 国語 三上 わかば 「俳句を楽しもう」による）

※①・②の俳句は、令和二年度版 教育出版 ひろがる言葉 小学国語 三上、令和二年度版 東京書籍 新しい国語 三下 にも掲載されています。

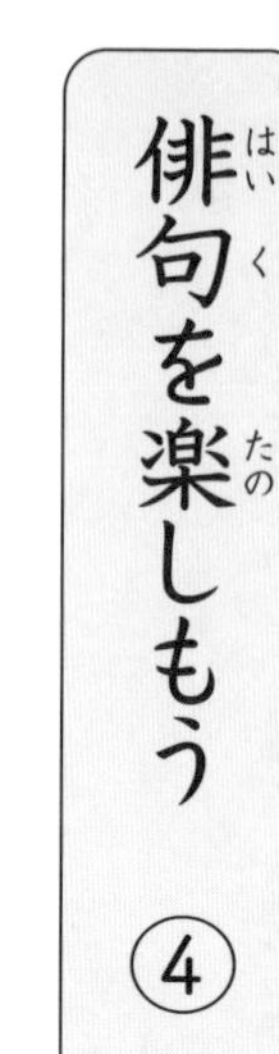

俳句を楽しもう ④

名前

俳句を音読してから、書きうつしましょう。

①

菜の花や
月は東に
日は西に

与謝蕪村

②

雪とけて
村いっぱい（いっぱい）の
子どもかな

小林一茶

③

夏山や
一足づつ（ず）に
海見ゆる

小林一茶

★書きおわったら、もういちど、音読しましょう。

（令和二年度版 光村図書 国語 三上 わかば「俳句を楽しもう」による）
※①・②の俳句は、令和二年度版 教育出版 ひろがる言葉 小学国語 三上、令和二年度版 東京書籍 新しい国語 三下 にも掲載されています。

俳句を楽しもう ⑤

名前

俳句を音読して、おぼえましょう。また、俳句を書きましょう。

①
古池や
蛙飛びこむ
水の音
松尾 芭蕉

②
閑かさや
岩にしみ入る
蟬の声
松尾 芭蕉

③
春の海
終日のたりの
たりかな
与謝 蕪村

★書きおわったら、もういちど、音読しましょう。

④
菜の花や
月は東に
日は西に
与謝 蕪村

⑤
雪とけて
村いっぱいの（いっぱい）
子どもかな
小林 一茶

⑥
夏山や
一足づつ（ず）に
海見ゆる
小林 一茶

（令和二年度版 光村図書 国語 三上 わかば「俳句を楽しもう」による）
※②の俳句は、令和二年度版 東京書籍 新しい国語 三下 にも掲載されています。
また④・⑤の俳句は、令和二年度版 教育出版 ひろがる言葉 小学国語 三上、
令和二年度版 東京書籍 新しい国語 三下 にも掲載されています。

俳句（はいく）を楽（たの）しもう　⑥

名前

俳句（はいく）をあんしょうしましょう。おぼえたら書（か）きましょう。

①
古　ふる　いけ
蛙飛　かわず　と
水　みず　おと
松尾（まつお）芭蕉（ばしょう）

②
閑　しず　い
岩　いわ
蝉　せみ　こえ
松尾（まつお）芭蕉（ばしょう）

③
春　はる　うみ
終日　ひねもす
の
与謝（よさ）蕪村（ぶそん）

④
菜　な　はな
月　つき　ひがし
日　ひ　にし
与謝（よさ）蕪村（ぶそん）

⑤
雪　ゆき
村　むら（いっぱい）
子　こ
小林（こばやし）一茶（いっさ）

⑥
夏　なつやま
一　ひとあし（ず）
海　うみ　み
小林（こばやし）一茶（いっさ）

★書（か）きおわったら、もういちど、音読（おんどく）しましょう。

（令和二年度版　光村図書　国語　三上　わかば「俳句を楽しもう」による）
※②の俳句は、令和二年度版　東京書籍　新しい国語　三下　にも掲載されています。
また④・⑤の俳句は、令和二年度版　教育出版　ひろがる言葉　小学国語　三上、
令和二年度版　東京書籍　新しい国語　三下　にも掲載されています。

いろは歌　①

名前

いろは歌を音読して、おぼえましょう。また、書きましょう。

いろは歌

いろはにほへと
ちりぬるを
わかよたれそ
つねならむ
うゐ（い）のおくやま
けふこえて
あさきゆめみし
ゑ（え）ひもせす

★書きおわったら、もういちど、音読しましょう。

（令和二年度版　光村図書　国語　三上　わかば「俳句を楽しもう」による）

いろは歌 ②

名前

いろは歌をあんしょうしましょう。おぼえたら書きましょう。

いろは歌

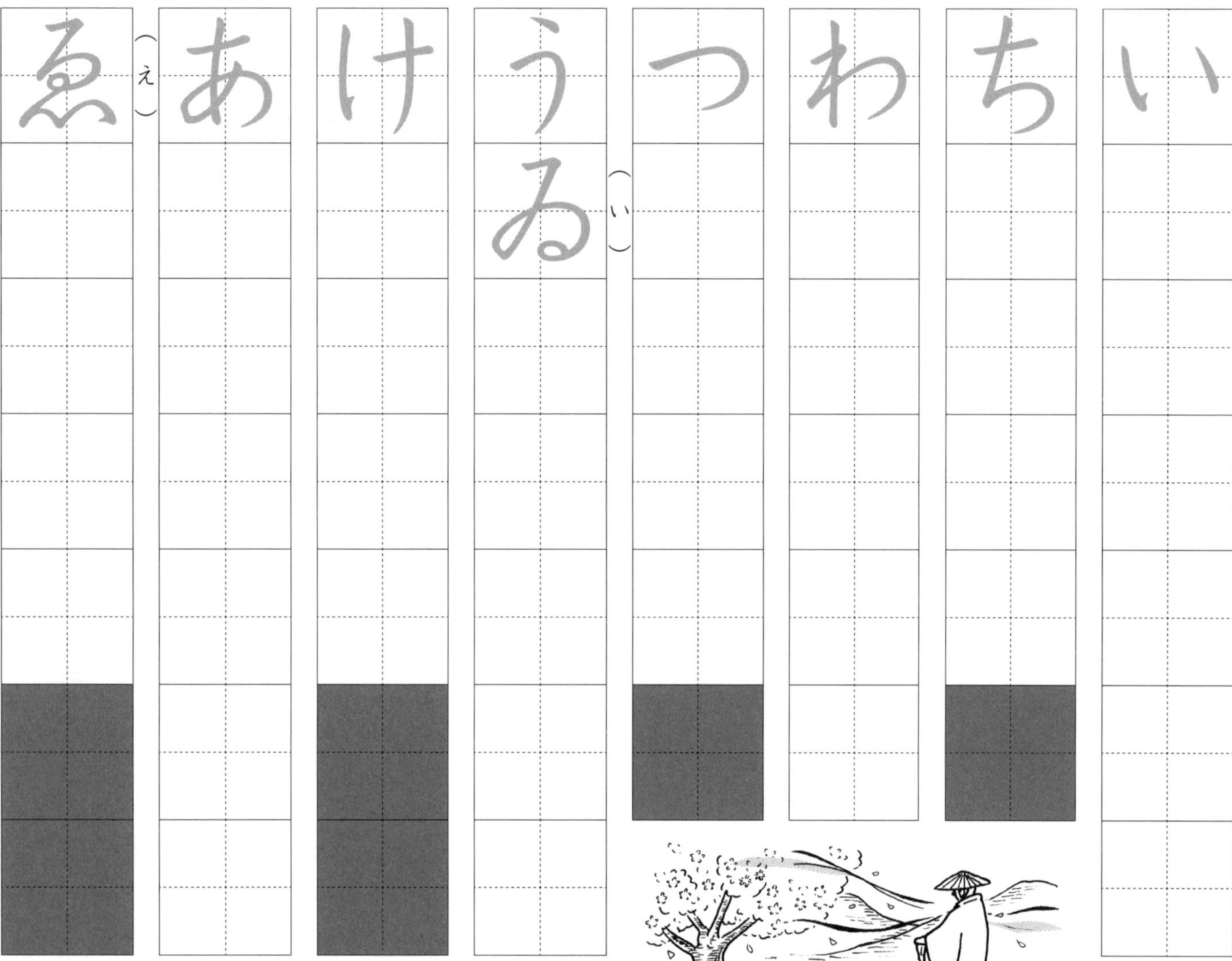

★書きおわったら、もういちど、音読しましょう。

（令和二年度版　光村図書　国語　三上　わかば「俳句を楽しもう」による）

たんぽぽ ①

名前

詩を音読してから、書きうつしましょう。

たんぽぽ

川崎　洋

たんぽぽが
たんぽぽが
たくさん飛んでいく
たくさん飛んでいく
ひとつひとつ
ひとつひとつ
みんな名前があるんだ
みんな名前があるんだ

★書きおわったら、もう一度、音読しましょう。

（令和二年度版　東京書籍　新しい国語　三上　川崎　洋）

たんぽぽ ②

名前

詩を音読してから、書きうつしましょう。

たんぽぽ

川崎　洋

たんぽぽが
たくさん飛んでいく
ひとつひとつ
みんな名前があるんだ

飛

★書きおわったら、もう一度、音読しましょう。

（令和二年度版　東京書籍　新しい国語　三上　川崎　洋）

たんぽぽ ③

名前

詩を音読してから、書きうつしましょう。

おうい　たぽんぽ
おうい　たぽんぽ
おうい　ぽぽんた
おうい　ぽぽんた
おうい　ぽんたぽ
おうい　ぽんたぽ
おうい　ぽたぽん
おうい　ぽたぽん
川に落ちるな
川に落ちるな

★書きおわったら、もう一度、音読しましょう。

（令和二年度版　東京書籍　新しい国語　三上　川崎　洋）

たんぽぽ　④

名前

詩を音読してから、書きうつしましょう。

おうい　たぽんぽ

おうい　ぽぽんた

おうい　ぽんたぽ

おうい　ぽたぽん

川に落ちるな

★書きおわったら、もう一度、音読しましょう。

（令和二年度版　東京書籍　新しい国語　三上　川崎　洋）

たんぽぽ ⑤

詩を音読して、おぼえましょう。また、詩を書きましょう。

名前

たんぽぽ

川崎　洋

たんぽぽが
たくさん飛んでいく
ひとつひとつ
みんな名前があるんだ
おうい　たぽんぽ
おうい　ぽぽんた
おうい　ぽんたぽ
おうい　ぽたぽん
川に落ちるな

★書きおわったら、もう一度、音読しましょう。

（令和二年度版　東京書籍　新しい国語　三上　川崎　洋）

たんぽぽ ⑥

名前

詩を暗しょうしましょう。おぼえたら書きましょう。

たんぽぽ

川崎　洋

た

た　飛

ひ

み　あ

お　た

お　ぽ

お　ぽ

お　ぽ

川

★書きおわったら、もう一度、音読しましょう。

（令和二年度版　東京書籍　新しい国語　三上　川崎　洋）

わたしと小鳥とすずと ①

名前

詩を音読してから、書きうつしましょう。

わたしと小鳥とすずと

金子 みすゞ

わたしが両手をひろげても、

お空はちっとも
とべないが、

とべる小鳥はわたしのように、

地面をはやくは走れない。

★書き終わったら、もういちど、音読しましょう。

（令和二年度版 光村図書 国語 三上 わかば 金子 みすゞ）

わたしと小鳥とすずと　②

名前

詩を音読してから、書きうつしましょう。

わたしがからだをゆすっても、
きれいな音はでないけど、
あの鳴るすずはわたしのように
たくさんなうたは知らないよ。

★書き終わったら、もういちど、音読しましょう。

（令和二年度版　光村図書　国語　三上　わかば　金子　みすゞ）

わたしと小鳥とすずと ③

名前

詩を音読してから、書きうつしましょう。

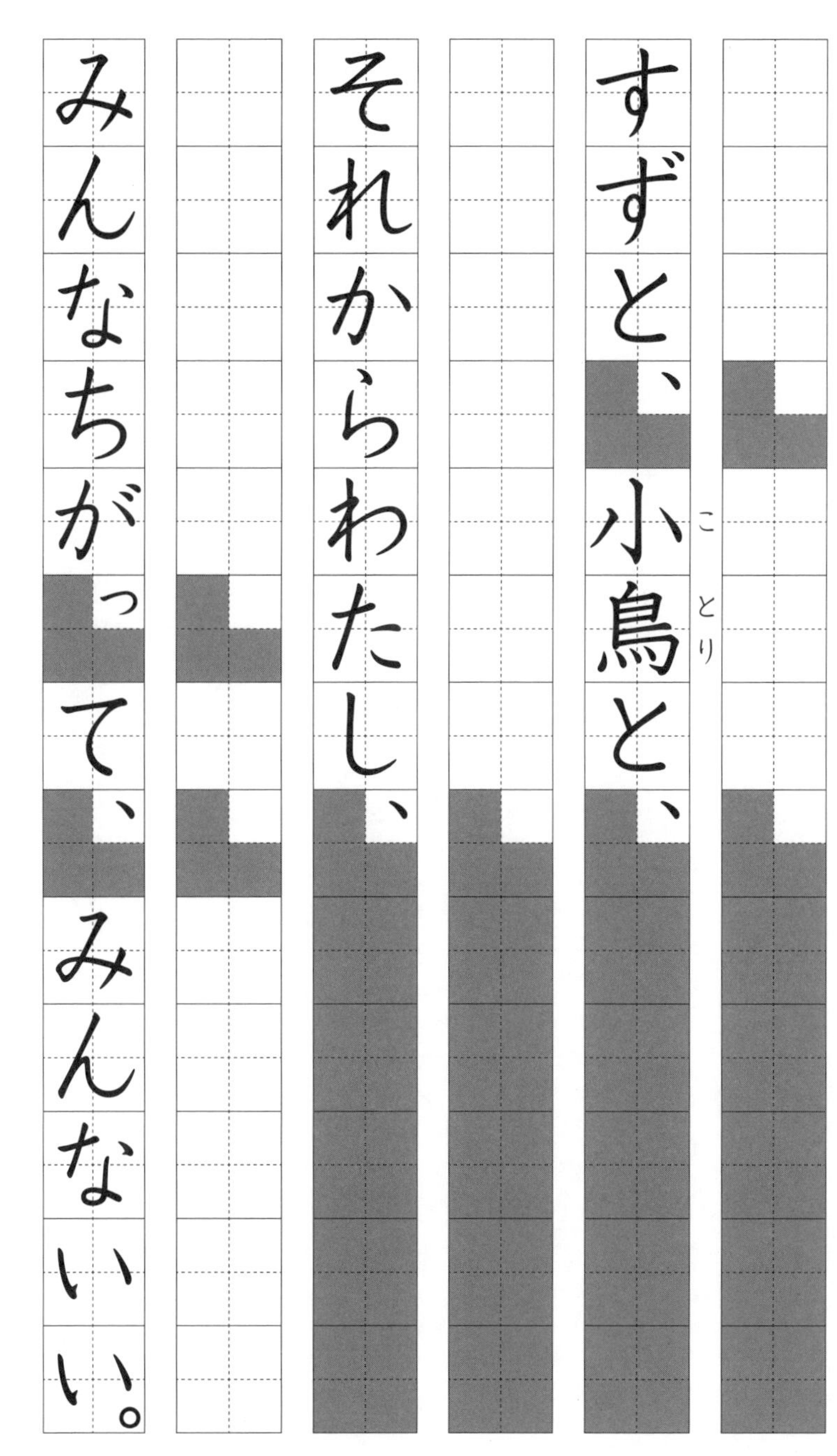

すずと、
小鳥と、
それからわたし、
みんなちがって、
みんないい。

★書き終わったら、もういちど、音読しましょう。

（令和二年度版　光村図書　国語　三上　わかば　金子　みすゞ）

わたしと小鳥とすずと ④

名前

詩を音読して、おぼえましょう。また、詩を書きましょう。

わたしと小鳥とすずと

金子 みすゞ

わたしが両手をひろげても、
お空はちっともとべないが、
とべる小鳥はわたしのように、
地面をはやくは走れない。

わたしがからだをゆすっても、
きれいな音はでないけど、
あの鳴るすずはわたしのように
たくさんなうたは知らないよ。

すずと、小鳥と、
それからわたし、
みんなちがって、みんないい。

★書き終わったら、もういちど、音読しましょう。

（令和二年度版 光村図書 国語 三上 わかば 金子 みすゞ）

わたしと小鳥とすずと ⑤

名前

詩をあんしょうしましょう。おぼえたら書きましょう。

わたしと小鳥とすずと

金子みすゞ

わ　りょうて　ひ
お　そら　ことり　と
と　わ
地面（じべた）　走（はし）
わ　ゆ
き　おと　で
あ　な　わ
た　知（し）
す　小（ことり）
そ
み　み

★書き終わったら、もういちど、音読しましょう。

（令和二年度版　光村図書　国語　三上　わかば　金子　みすゞ）

紙ひこうき ①

名前

詩を音読してから、書きうつしましょう。

紙ひこうき

神沢　利子

ぼくの　とばした

紙ひこうき

すういと　とんで

くるりと　まわって

★書きおわったら、もう一度、音読しましょう。

（令和二年度版　東京書籍　新しい国語　三上　神沢　利子）

紙ひこうき ②

名前

詩を音読してから、書きうつしましょう。

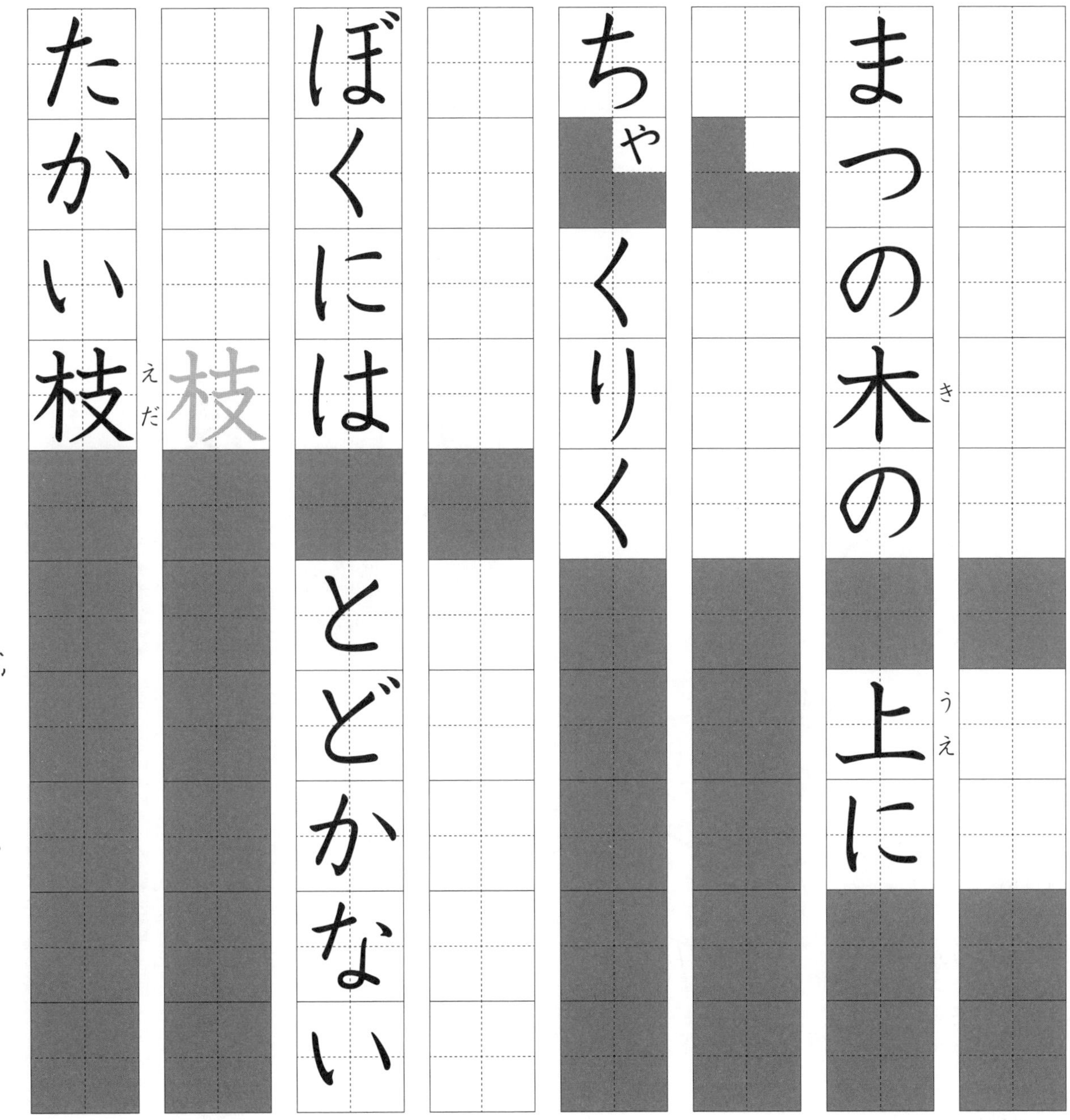

まつの木の上に

ちゃくりく

ぼくには　とどかない

たかい枝

★書きおわったら、もう一度、音読しましょう。

（令和二年度版　東京書籍　新しい国語　三上　神沢　利子）

紙ひこうき ③

名前

詩を音読してから、書きうつしましょう。

★書きおわったら、もう一度、音読しましょう。

（令和二年度版　東京書籍　新しい国語　三上　神沢　利子）

紙ひこうき ④

名前

詩を音読してから、書きうつしましょう。

かあさんに　だかれて
ゆうらゆうら
いいきもちで　いるみたい
うまれる　まえは
森の　木だった　紙……

★書きおわったら、もう一度、音読しましょう。

（令和二年度版　東京書籍　新しい国語　三上　神沢　利子）

紙ひこうき　⑤

名前

詩を音読して、おぼえましょう。また、詩を書きましょう。

紙ひこうき

神沢　利子

ぼくの　とばした
紙ひこうき
すういと　とんで
くるりと　まわって
まつの木の　上に
ちゃくりく
ぼくには　とどかない
たかい枝

★書きおわったら、もう一度、音読しましょう。

（令和二年度版　東京書籍　新しい国語　三上　神沢　利子）

紙ひこうき ⑥

詩を暗しょうしましょう。おぼえたら書きましょう。

名前

紙ひこうき

神沢　利子

ぼ　と
紙
す　と
く　ま
ま　上
ち
ぼ　と
た　枝

★書きおわったら、もう一度、音読しましょう。

（令和二年度版　東京書籍　新しい国語　三上　神沢　利子）

紙ひこうき ⑦

名前

詩を音読して、おぼえましょう。また、詩を書きましょう。

おうい、おりてこいよ
かぜが　枝を　ゆすっても
おちてこない　紙ひこうき
かあさんに　だかれて
ゆうらゆら
いいきもちで　いるみたい

うまれる　まえは
森の　木だった　紙……

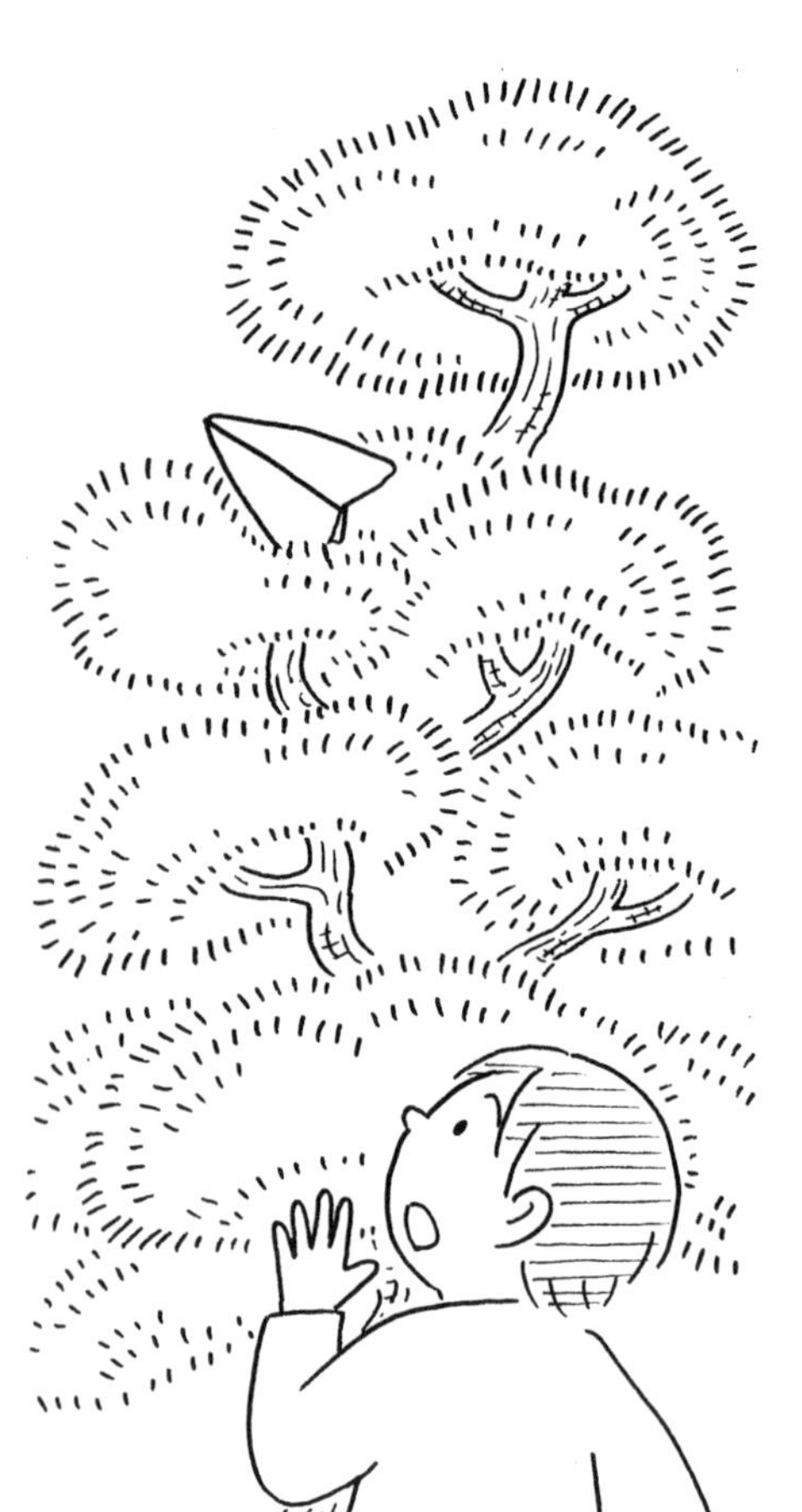

★書きおわったら、もう一度、音読しましょう。

（令和二年度版　東京書籍　新しい国語　三上　神沢　利子）

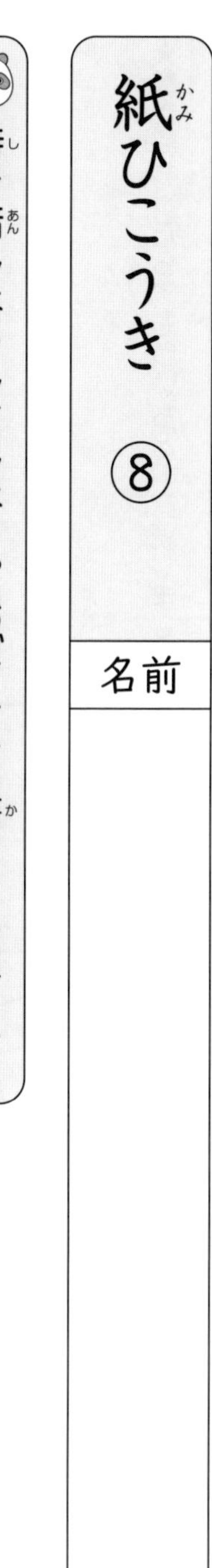

詩を暗しょうしましょう。おぼえたら書きましょう。

お　お　ゆ

か　枝（えだ）

お　紙（かみ）

か　だ

ゆ

い　い

う　ま

森（もり）　木（き）　紙（かみ）……

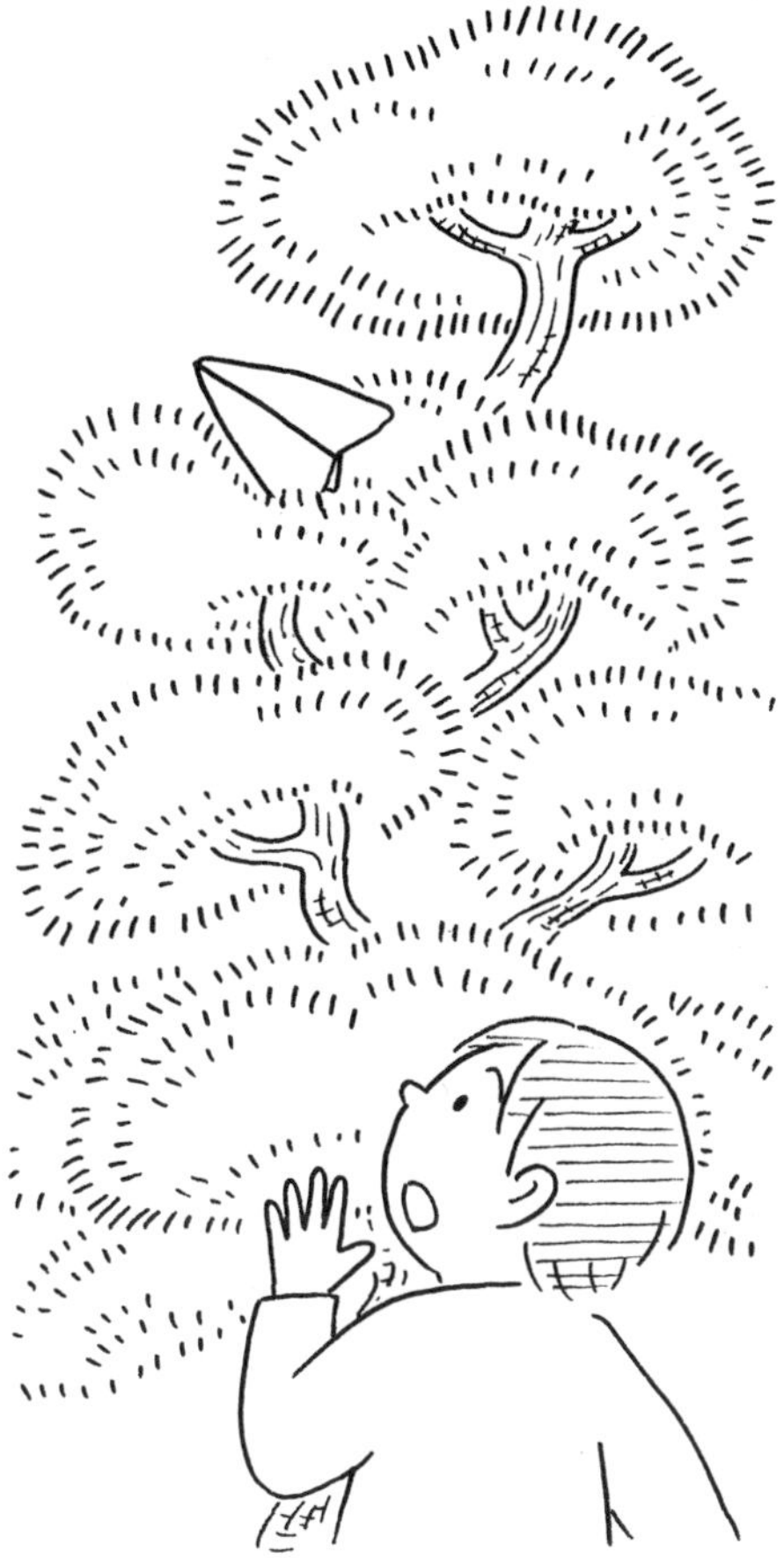

★書きおわったら、もう一度、音読しましょう。

（令和二年度版　東京書籍　新しい国語　三上　神沢　利子）

夕日がせなかをおしてくる ①

名前

詩を音読してから、書きうつしましょう。

夕日がせなかをおしてくる

阪田 寛夫

夕日がせなかをおしてくる
まっかなうででおしてくる
歩くぼくらのうしろから
でっかい声でよびかける

★書き終わったら、もういちど、音読しましょう。

（令和二年度版 光村図書 国語 三上 わかば 阪田 寛夫）
※「夕日がせなかをおしてくる」の教材は、令和二年度版 東京書籍 新しい国語 三上、令和二年度版 教育出版 ひろがる言葉 小学国語 三下 にも掲載されています。

夕日がせなかをおしてくる ②

名前

詩を音読してから、書きうつしましょう。

さよなら　さよなら

さよなら　きみたち

ばんごはんがまってるぞ

あしたの朝ねすごすな

★書き終わったら、もういちど、音読しましょう。

（令和二年度版　光村図書　国語　三上　わかば　阪田　寛夫）

※「夕日がせなかをおしてくる」の教材は、令和二年度版　東京書籍　新しい国語　三上、令和二年度版　教育出版　ひろがる言葉　小学国語　三下　にも掲載されています。

夕日がせなかをおしてくる ③

名前

詩を音読してから、書きうつしましょう。

夕日がせなかをおしてくる
そんなにおすなあわてるな
ぐるりふりむき太陽に
ぼくらも負けずどなるんだ

★書き終わったら、もういちど、音読しましょう。

（令和二年度版 光村図書 国語 三上 わかば 阪田 寛夫）
※「夕日がせなかをおしてくる」の教材は、令和二年度版 東京書籍 新しい国語 三上、令和二年度版 教育出版 ひろがる言葉 小学国語 三下 にも掲載されています。

夕日がせなかをおしてくる ④

名前

詩を音読してから、書きうつしましょう。

さよなら　さよなら

さよなら　太陽

ばんごはんがまってるぞ

あしたの朝ねすごすな

★書き終わったら、もういちど、音読しましょう。

（令和二年度版　光村図書　国語　三上　わかば　阪田　寛夫）
※「夕日がせなかをおしてくる」の教材は、令和二年度版　東京書籍　新しい国語　三上、令和二年度版　教育出版　ひろがる言葉　小学国語　三下　にも掲載されています。

夕日がせなかをおしてくる ⑤

名前

詩を音読して、おぼえましょう。また、詩を書きましょう。

夕日がせなかをおしてくる

阪田寛夫

夕日がせなかをおしてくる
まっかなうででおしてくる
歩くぼくらのうしろから
でっかい声でよびかける
さよなら　さよなら
さよなら　きみたち
ばんごはんがまってるぞ
あしたの朝ねすごすな

★書き終わったら、もういちど、音読しましょう。

（令和二年度版　光村図書　国語　三上　わかば　阪田　寛夫）
※「夕日がせなかをおしてくる」の教材は、令和二年度版　東京書籍　新しい国語　三上、令和二年度版　教育出版　ひろがる言葉　小学国語　三下　にも掲載されています。

夕日がせなかをおしてくる ⑥

名前

詩をあんしょうしましょう。おぼえたら書きましょう。

夕日がせなかをおしてくる

阪田　寛夫

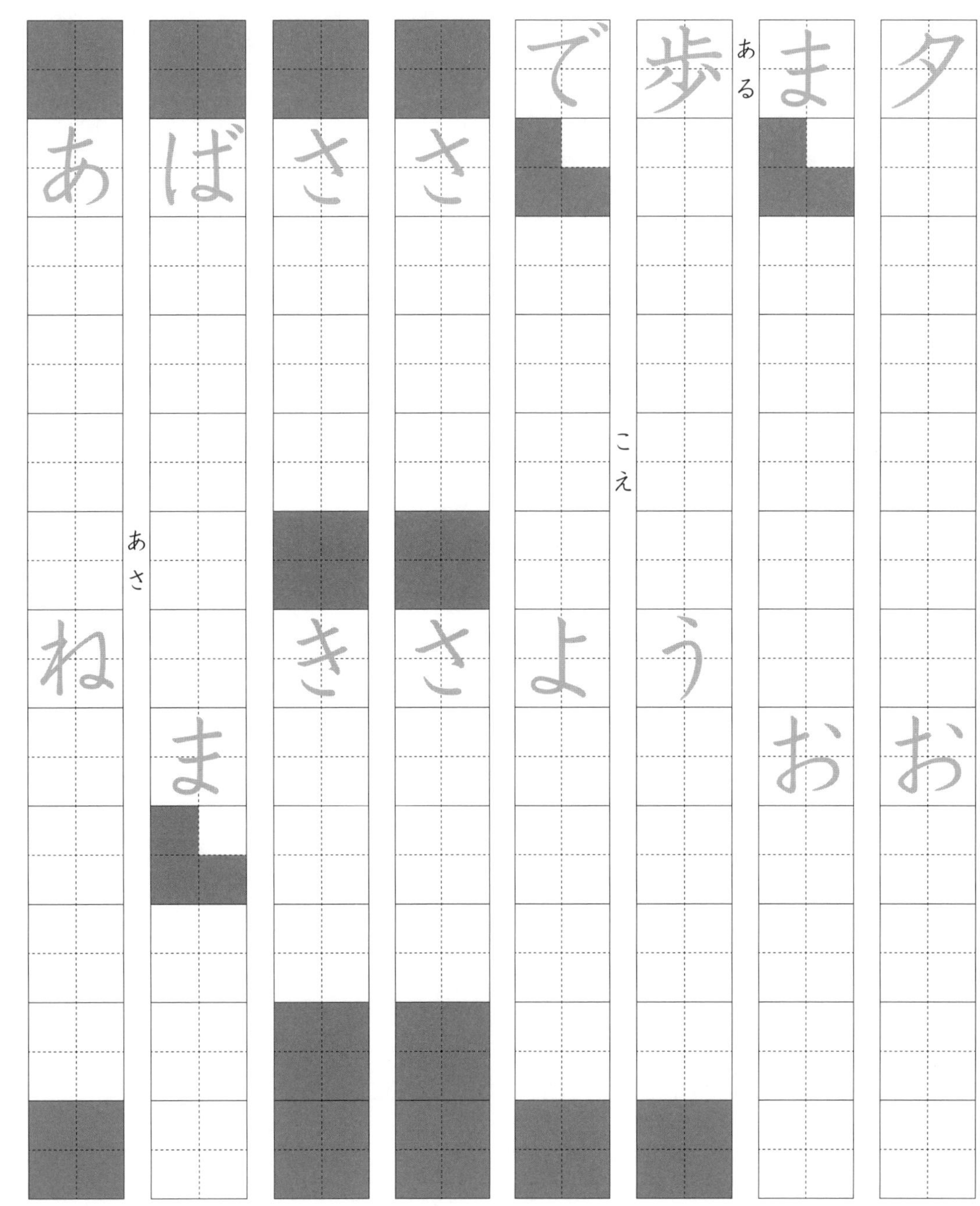

★書き終わったら、もういちど、音読しましょう。

（令和二年度版　光村図書　国語　三上　わかば　阪田　寛夫）
※「夕日がせなかをおしてくる」の教材は、令和二年度版　東京書籍　新しい国語　三上、令和二年度版　教育出版　ひろがる言葉　小学国語　三下　にも掲載されています。

夕日がせなかをおしてくる ⑦

名前

詩を音読して、おぼえましょう。また、詩を書きましょう。

夕日がせなかをおしてくる
そんなにおすなあわてるな
ぐるりふりむき太陽に
ぼくらも負けずどなるんだ
さよなら　さよなら
さよなら　太陽
ばんごはんがまってるぞ
あしたの朝ねすごすな

★書き終わったら、もういちど、音読しましょう。

（令和二年度版　光村図書　国語　三上　わかば　阪田　寛夫）
※「夕日がせなかをおしてくる」の教材は、令和二年度版　東京書籍　新しい国語　三上、令和二年度版　教育出版　ひろがる言葉　小学国語　三下　にも掲載されています。

夕日（ゆうひ）がせなかをおしてくる ⑧

名前

詩（し）をあんしょうしましょう。おぼえたら書（か）きましょう。

夕（ゆうひ）　お
そ　あ
ぐ　太（たいよう）
ぼ　ま　ど
さ　さ
さ　太（たいよう）
ば　あさ　ま
あ　ね

★書（か）き終（お）わったら、もういちど、音読（おんどく）しましょう。

（令和二年度版　光村図書　国語　三上　わかば　阪田　寛夫）
※「夕日がせなかをおしてくる」の教材は、令和二年度版　東京書籍　新しい国語　三上、令和二年度版　教育出版　ひろがる言葉　小学国語　三下　にも掲載されています。

漢字の音と訓を使って文を作ろう ①

名前

● 次の漢字の「音」と「訓」を使って、文を作りましょう。

① 歌

【音】カ
【訓】うた　うた（う）

歌手
校歌

歌手が、校歌を
歌いました。

② 先

【音】セン
【訓】さき

先生
店先
立つ

［　　］が、［　　］に
立っています。

③ 旅

【音】リョ
【訓】たび

旅
旅かん

［　　］をして、［　　］
［　　］にとまります。

④ 虫

【音】チュウ
【訓】むし

こん虫
虫かご
入れる

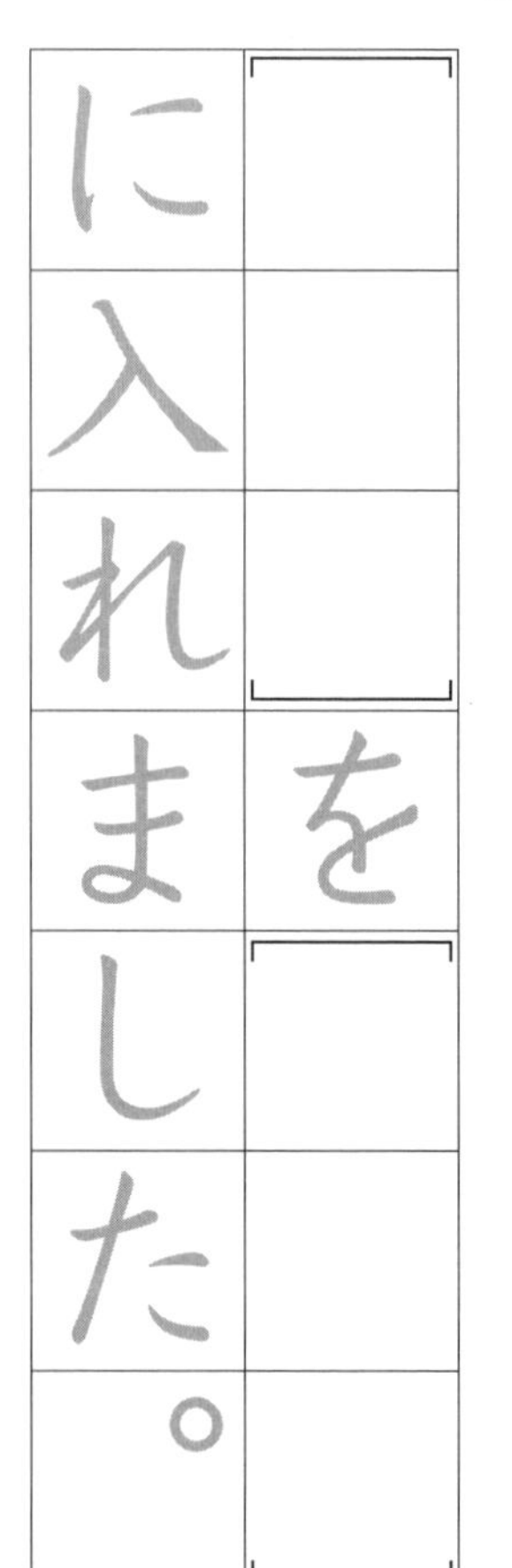

［　　］を［　　］
に入れました。

漢字の音と訓を使って文を作ろう②

名前

● 次の漢字の「音」と「訓」を使って、文を作りましょう。

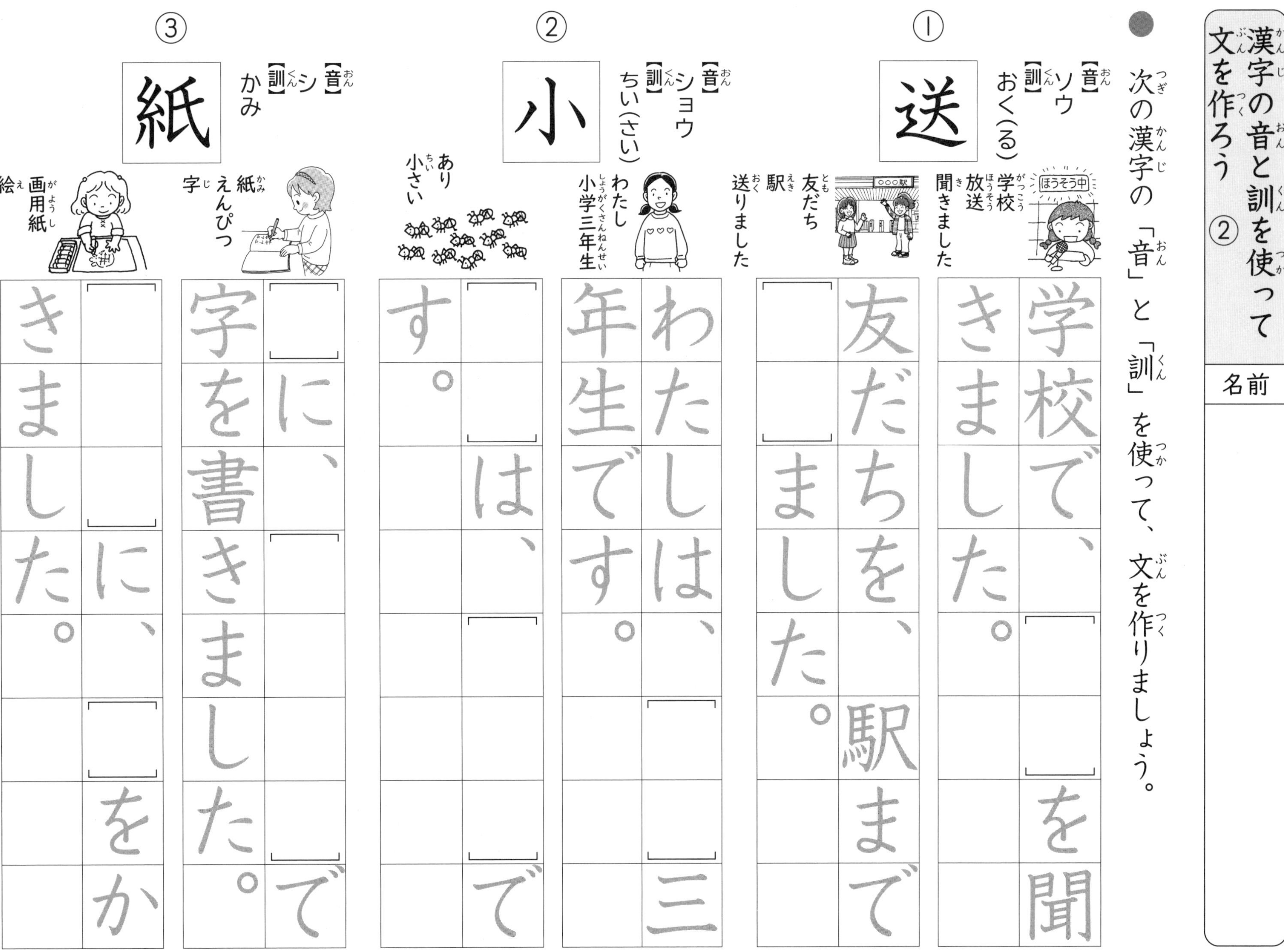

① 送　【音】ソウ　【訓】おく(る)

学校　放送　聞きました

友だち　駅　送りました

学校で、［　　］を聞きました。

友だちを、駅まで［　　］ました。

② 小　【音】ショウ　【訓】ちい(さい)

わたし　小学三年生

あり　小さい

わたしは、［　　］三年生です。

［　　］は、［　　］です。

③ 紙　【音】シ　【訓】かみ

紙　えんぴつ　字

画用紙　絵

［　　］に、［　　］で字を書きました。

［　　］に、［　　］をかきました。

手紙を書こう ①

名前

● 次の手紙文を、書きうつしましょう。

おじいちゃんへ
お元気ですか。
来週の土曜日、午前十時から、
絵のてんらん会があります。
わたしの絵が出ているので、
ぜひ、見に来てください。
山中　ゆき

おじいちゃんへ
お
来週の　　　　、　　　　から、
絵の　　　　があります。
わたしの絵が出ているので、
ぜひ、見に来てください。
山中　ゆき

手紙を書こう ②

名前

● 次の手紙文を、書きうつしましょう。

おばあちゃんへ
暑い日がつづきますが、お元気ですか。
この前は、ぶどうを送ってくれてありがとう。とてもおいしかったよ。
また、ぼくの家にあそびに来てください。

れん

へ

暑い日が

この前は、

また、

れん

手紙を書こう　③

名前

● 次の手紙文を、書きうつしましょう。

わか葉が美しいきせつになりました。
川野先生、お元気ですか。
こんど、運動会があるので、
ごあんないします。
日時　五月二十七日（土）
午前九時開会
場所　東小学校　運動場
ぼくは、ソーランぶしをおどります。
ぜひ、見に来てください。
山田　こうた
川野先生

わか葉が美しいきせつになりました。
先生、お元気ですか。
こんど、　　　　があるので、
ごあんないします。
日時
場所
ぼくは、　　　　をおどります。
ぜひ、見に来てください。
山田　こうた
川野先生

手紙を書こう ④-(1)
はがきで書くとき

名前

● 次の事がらをはがきに書いて、はがきをかんせいさせましょう。

① はじめのあいさつ

② つたえること

③ 書いた日

④ 自分の名前

おばあちゃん、お元気ですか。
六月七日（水）午前十時から
南小学校で図工てんがあります。
ぼくの絵もあります。
ぜひ、見に来てください。
五月十日
山川　けんと

おばあちゃん、　　　　　　　。
月　日（　）午前　　時から
南小学校で　　　　があります。
ぼくの絵もあります。
ぜひ、

月　　日
山川

手紙を書こう
はがきで書くとき ④-(2)

名前

● 次の事がらをはがきに書いて、はがきをかんせいさせましょう。

① はじめのあいさつ	暑い日が続きます。 森村先生、お元気ですか。
② つたえること	夏休みに、ほ育園のお楽しみ会に行くよていです。 先生に会えるのが楽しみです。
③ 書いた日	七月十五日
④ 自分の名前	林　みちる

暑
森
夏
先
月
日
林　みちる

こそあど言葉（ことば）を使（つか）って文（ぶん）を作（つく）ろう ①

名前

● 絵（え）を見（み）て、［　］にあてはまる言葉（ことば）を［　］からえらび、文（ぶん）を作（つく）りましょう。

①

わたしがひろった［この］えんぴつは、だれのものだろう。

②

いったい［　　］が、あなたのかばんですか。

③

本（ほん）持（も）っている

あなたが持っている［　　］本を、わたしにかしてください。

その　この　どれ

こそあど言葉を使って文を作ろう ②

名前

● 絵を見て、[ ] にあてはまる言葉を [ ] からえらび、文を作りましょう。

(1)

① [ ]ペンは、だれのものですか。

② [ ]ペンが書きやすいかな。

どの　あの

(2)

① [ ]ペンをかしてくれませんか。

② 日記　書く

[ ]ペンで、日記を書きます。

その　この

こそあど言葉を使って文を作ろう③

名前

● 絵を見て、［ ］にあてはまる言葉を［ ］からえらび、文を作りましょう。

(1)

① 部屋

しばらく［　　］の部屋でおまちくださ い。

②

あっ、［　　］ゲームが、したらいいな。

あんな　あちら

(2)

① 何という山

［　　］山は、何という山ですか。

② 絵

［　　］が、ぼくのかいた絵です。

あの　あれ

こそあど言葉を使って文を作ろう ④

名前

● 絵を見て、［　］にあてはまる言葉を［　］からえらび、文を作りましょう。

(1)

① 今すぐ行く

今すぐ、［　］へ行きます。

② ［　］なげられるといいな。

［　］ふうにボールをなげられるといいな。

そんな　そちら

(2)

① ［　］ペンをかしてください。

きみの［　］ペンをかしてください。

② 動かない

［　］で、動かずにまっていてください。

その　そこ

慣用句を使って文を作ろう ①

名前

● [ ] にあてはまる慣用句を [ ] からえらび、文を作りましょう。

① お母さん 帰ってくる

お母さんが、帰ってくるのを[ ]まっていました。

② 買い物 帰り

買い物の帰りに[ ]、なかなかもどってきません。

③ 家 庭 大きさ

わたしの家の庭は、[ ]くらいの大きさです。

あぶらを売って
首を長くして
ねこのひたい

慣用句を使って文を作ろう ②

名前

● [　] にあてはまる言葉を □ からえらび、慣用句をかんせいさせて文を作りましょう。

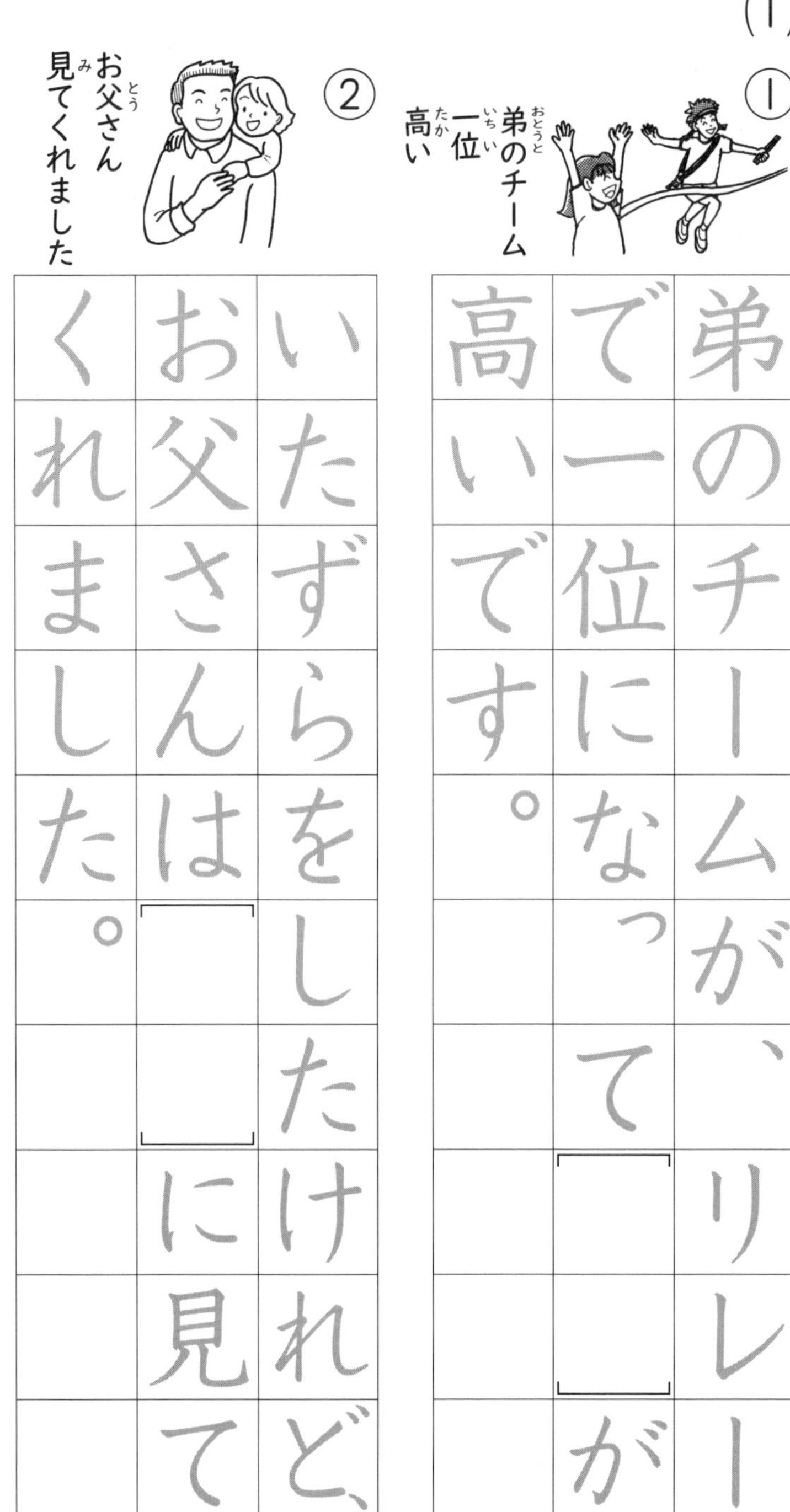

(1)

① 弟のチーム　一位　高い

弟のチームが、リレーで一位になって[　　]が高いです。

② お父さん　見てくれました

いたずらをしたけれど、お父さんは[　　]に見てくれました。

はな　大目

(2)

① 帰って

うちに帰って、ほっと[　　]をつきました。

② 次々と　勝って

ゲームで次々と勝って、[　　]にのってきました。

なみ　いき

慣用句を使って文を作ろう ③

名前

● 次の文に使われている慣用句の意味を考えて［　］に言葉を書き、文をかんせいさせましょう。

①
負ける
かた
おとす
帰る

しあいに負けて、［　　］をおとして帰りました。

②
おいしい
目
丸く

あまりおいしいので、［　］を［　　］しました。

③
何度
言われる
耳
いたい

何度も、もんくを言われて、［　］が［　　］です。

④
山登り
足
ぼう

山登りをして、［　］が［　　］になりました。

慣用句を使って文を作ろう ④

名前

● [ ]にあてはまる言葉を□からえらび、慣用句をかんせいさせて文を作りましょう。

(1)

① こまったからといって[ ]ねいりをする。

② 今日のかせぎは、[ ]のなみだほどにしかならない。

すずめ　たぬき

(2)

① あなたとぼくは、[ ]が合う。

② [ ]の一声で問題がかいけつした。

うま　つる

送りがなに気をつけて文を作ろう ①

名前

● 送りがなに気をつけて、次の漢字や言葉を使い、文を作りましょう。

(1) 着　き(る)　つ(く)

① 寒い　服　着た

寒いので、たくさん□をた□。

② 学校　一番　着いた

学校に□に□。

(2) 出　だ(す)　で(る)

① 手紙　出す

おばあちゃんに□を□。

② 朝早く　家　出る

朝早く、□を□。

(3) 重　おも(い)　かさ(なる)　かさ(ねる)

① 重い　荷物　持つ

□荷物を持つ。

② たん生日　休日　重なる

たん生日が、□と□。

③ 着物　重ねて　着る

着物を□着る。

送りがなに気をつけて文を作ろう ②

名前

(1) 送りがなに気をつけて、次の漢字や言葉を使い、文を作りましょう。

育　そだ（つ）　そだ（てる）　はぐく（む）

① 子ども　元気　育つ

子どもが、元気に［　　］。

② 作物　大きく　育てる

作物を大きく［　　］。

③ 親鳥　ひな　だいて　育む

親鳥が、ひなをだいて［　　］。

(2) 送りがなに気をつけて、次の漢字や言葉を使い、文を作りましょう。

苦　くる（しい）　にが（い）

① マラソン　苦しい　練習

② 苦い　薬　飲んだ

かぜをひいて、

送りがなに気をつけて文を作ろう ③

名前

(1) 送りがなに気をつけて、次の漢字や言葉を使い、文を作りましょう。

下　お（りる）　くだ（る）　さ（がる）

① 駅　階だん　下りる

□の階だんを□。

② 山道　下る　国道　出る

□を□と、□に出る。

③ やっと　ねつ　下がった

やっと、□が□。

(2) 送りがなに気をつけて、次の漢字や言葉を使い、文を作りましょう。

生　い（きる）　う（まれる）　は（える）

① 虫　土の中　生きている

虫が

② 子犬　三びき　生まれた

子犬が

③ 草　庭　生えている

庭に

いろいろなふ号を使って文を作ろう ①

名前

● 丸（。）、点（、）、中点（・）、ダッシュ（—）のふ号を書きくわえて、文をかんせいさせましょう。

①

小学生

ぼくは、小学生です。

②

点（、）丸（。）

さあ　はじめよう

③

つる
すずめ
うぐいす
鳥

中点（・）点（、）丸（。）

つる　はと　すずめ
うぐいす　など　これら
は　鳥のなかまです

④

道のり＝道にそってはかった長さ

丸（。）

道のり——道にそって
はかった長さ

⑤

まあ、なんてうつくしい——

ダッシュ（—）丸（。）

まあ、なんてうつくし
い

いろいろなふ号を使って文を作ろう ②

名前

● かぎ「　」、二重かぎ『　』、かっこ（　）のふ号書きくわえて、文をかんせいさせましょう。

①

「さようなら。」

②

言いました

かぎ「　」

わたしは、ありがとう。と、言いました。

③

思いました

かっこ（　）

ぼくは、きれいだな。と思いました。

④

二重かぎ『　』

「おばさんが、おみやげです。って、おかしをもってきたよ。」

いろいろなふ号を使って文を作ろう ③ よこ書き

名前

● 次の手紙を書きうつしましょう。

5月15日

西小学校

三年一組のみなさんへ

南小学校

小林　ひろ

校庭の緑の葉がきれいなきせつとなりました。

先日の交流会は，とても楽しかったです。

ありがとうございました。

次は，わたしの学校へも来てください。

・日時　7月7日（金）

5時間目

・内容　七夕音楽会

楽しみにお待ちしています。

数字は，1,2,3のように書きます。

ただし，三年などは漢字で書きます。

点は，ふつうコンマ（，）をつかいます。

月　日

西

三年

南小学校

小林　ひろ

校庭の

きせつと

先日の交流会は，とても

楽しかったです。

ありがとう

次は，

来て

・日時　月　日（　）

・内容

楽しみにお待ちしています。

はじめ・中・おわりのまとまり

名前

● 「言葉で遊ぼう」を、次のようにまとめました。また、上の□に、
（　）の言葉をなぞって書きましょう。
はじめ・中・おわり　を書きましょう。

（言葉遊び）には、ほかにどのようなものがあるのでしょうか。
また、どのような楽しさがあるのでしょうか。

にた音や同じ音の言葉を使って文を作るのが（しゃれ）です。（しゃれ）には、言葉のもつ音と意味とを組み合わせるという楽しさがあるのです。
上から読んでも下から読んでも同じになる言葉や文が（回文）です。（回文）には、見つけたり、自分で作ったりする楽しさがあります。
文字をならべかえて、べつの言葉を作るのが（アナグラム）です。元の言葉とは全くちがう意味の言葉を作る楽しさがあるのです。

言葉遊びをするのには、ふだん使っている（言葉だけ）で、楽しい時間をすごすことができます。

「問い」と「答え」に気をつけて文を作ろう

名前

● 次の文章を「問い」と「答え」に気をつけて、なぞって書きましょう。
また、上の□に「問い」か「答え」を書きましょう。

□

日本にはどんなこまがあるのでしょうか。また、どんな楽しみ方をするのでしょうか。

日本　楽しみ方

□

回っているときの色を楽しむ色がわりごまです。

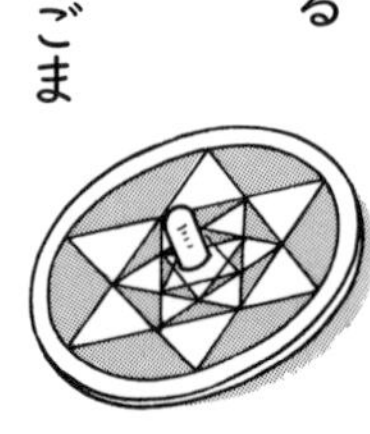

回っている色
楽しむ
色がわりごま

□

回っているときの音を楽しむこまが、鳴りごまです。

回っている音
楽しむ
鳴りごま

原こう用紙の使い方 ①

名前

原こう用紙の書き方に気をつけて、書きましょう。

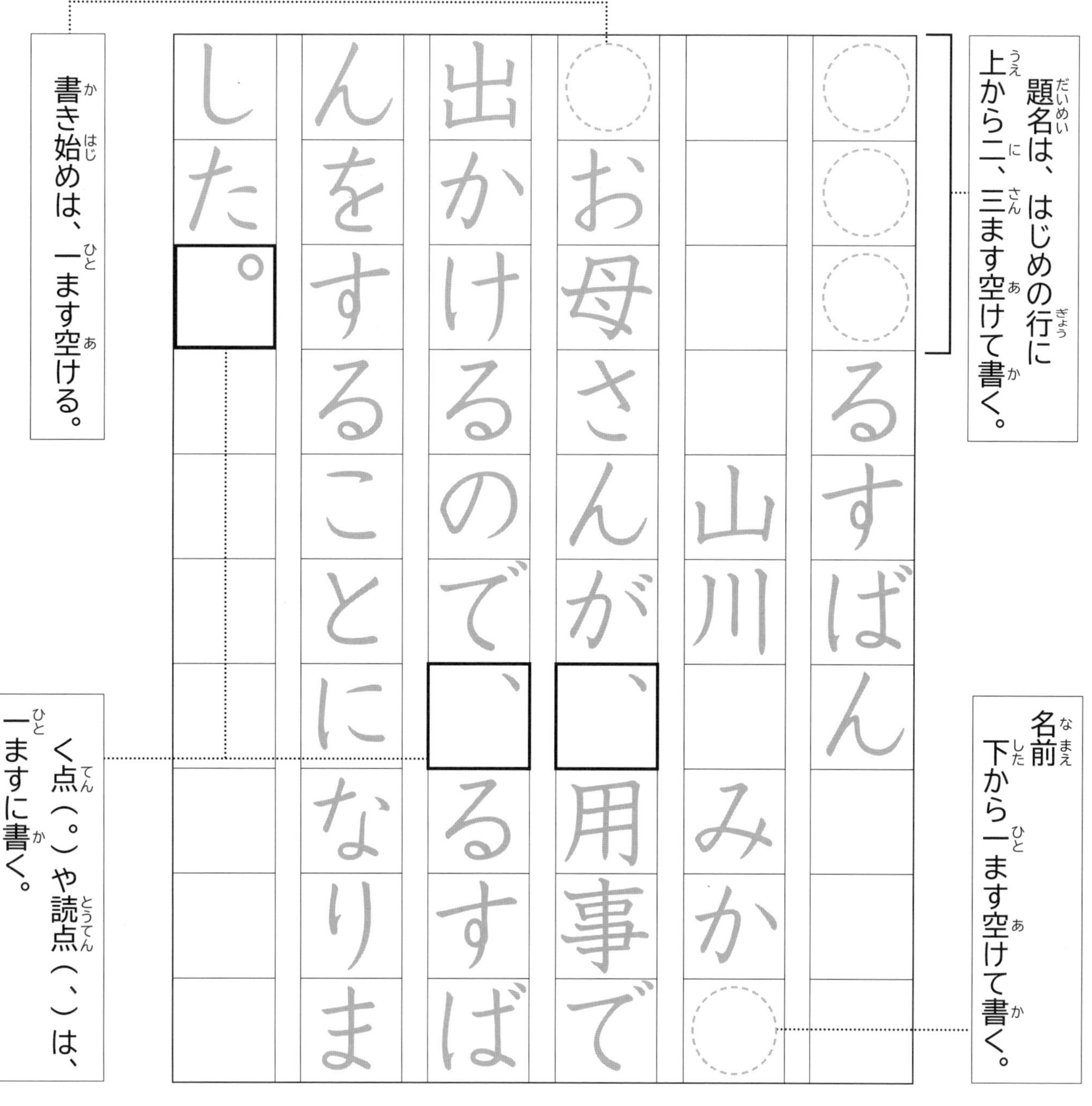

原こう用紙の使い方 ②

名前

● 原こう用紙の書き方に気をつけて、書きましょう。

題名は、はじめの行に上から二、三ます空けて書く。

　　校外学習のこと

　　　　　原田　かな

　春の校外学習は、水ぞく館へ行きました。

　わたしは、ペンギンのショーが楽しかったです。

「もう一ど見たいな。」

と、けんたくんが言いました。

話した言葉は、行をかえて「 。」をつけて書く。

く点（。）が行のはじめに来ないように、文字といっしょに書く。

原こう用紙の使い方 ③

名前

● 原こう用紙の書き方に気をつけて、書きましょう。

　　サッカーのしあい

　　　　　白石　りく

　きのう、サッカーのし
あいがありました。
　がんばったけど、負け
てしまいました。
「よくがんばったよ。」
と、お父さんが言ってく
れました。

人物や物や事がらの様子を表す言葉を使って文を作ろう

名前

(1) 人物を表す言葉を使って、文を作りましょう。

① お兄さん　がんばり屋

お兄さんは、がんばり屋です。

② 妹　負けずぎらい

妹は、です。

(2) 物や事がらの様子を表す言葉を使って、文を作りましょう。

① 話　あっけなく　すみました

② 字　ていねい　書きます

考え方や気持ちを表す言葉を使って文を作ろう

名前

(1) 考え方を表す言葉を使って、文を作りましょう。

① まるで
お日様のよう
明るい人

お日様　　　に
人だ。

② ぼくの考え
お兄さんと
ことなります。

　の考えは、
と　　　ます。

(2) 気持ちを表す言葉を使って、文を作りましょう。

① きょう
風
さわやか

　　　は、　がふいて
とても

② あす
遠足
待ち遠しい

ていねいな言い方になおして文を作ろう ①

名前

● ――線の言葉を「ていねいな言い方」になおして、文を作りましょう。

① ぼくは、とても元気だ。

ぼくは、とても元気です。

② お母さんが、朝食を作る。

お母さんが、朝食を

③ 明日は、学校が休みだ。

④ お姉さんと買い物に行った。

ていねいな言い方になおして文を作ろう ②

名前

● ――線の言葉を「ていねいな言い方」になおして、文を作りましょう。

① きょうの天気は、雨だ。

きょうの天気は、
雨です。

② 大きな声で、歌を歌う。

大きな声で、歌を

③ 友だちが、遊びに来る。

④ うちの家には、犬とねこがいる。

90頁

漢字の音と訓を使って文を作ろう ①

名前

● 次の漢字の「音」と「訓」を使って、文を作りましょう。

① 歌　音 カ　訓 うた　うた(う)

歌手　校歌

歌手が、校歌を歌いました。

② 先　音 セン　訓 さき

先生　店先　立つ

先生が、店先に立っています。

③ 旅　音 リョ　訓 たび

旅かん　旅

旅をして、旅かんにとまります。

④ 虫　音 チュウ　訓 むし

こん虫　虫かご　入れる

こん虫を虫かごに入れました。

91頁

漢字の音と訓を使って文を作ろう ②

名前

● 次の漢字の「音」と「訓」を使って、文を作りましょう。

① 送　音 ソウ　訓 おく(る)

学校　放送　聞きました　友だち　駅　送りました

学校で、放送を聞きました。

友だちを、駅まで送りました。

② 小　音 ショウ　訓 ちい(さい)

わたし　小学三年生　あり　小さい

わたしは、小学三年生です。

ありは、小さいです。

③ 紙　音 シ　訓 かみ

字　えんぴつ　紙　絵　画用紙

紙に、えんぴつで字を書きました。

画用紙に、絵をかきました。

92頁

手紙を書こう ①

名前

● 次の手紙文を、書きうつしましょう。

おじいちゃんへ
お元気ですか。
来週の土曜日、午前十時から、
絵のてんらん会があります。
わたしの絵が出ているので、
ぜひ、見に来てください。
山中　ゆき

おじいちゃんへ
お元気ですか。
来週の土曜日、午前十時から、
絵のてんらん会があります。
わたしの絵が出ているので、
ぜひ、見に来てください。
山中　ゆき

93頁

手紙を書こう ②

名前

● 次の手紙文を、書きうつしましょう。

おばあちゃんへ
暑い日がつづきますが、お元気
ですか。
この前は、ぶどうを送ってくれて
ありがとう。とてもおいしかったよ。
また、ぼくの家にあそびに来て
ください。
れん

おばあちゃんへ
暑い日がつづきますが、お元気
ですか。
この前は、ぶどうを送ってくれて
ありがとう。とてもおいしかったよ。
また、ぼくの家にあそびに来て
ください。
れん

本書の解答は，あくまでもひとつの例です。児童に取り組ませる前に，必ず指導される方が問題を解いてください。指導される方の作られた解答をもとに，児童の多様な考えに寄り添って○つけをお願いします。

94頁

手紙を書こう ③

名前

● 次の手紙文を、書きうつしましょう。

わか葉が美しいきせつになりました。
川野先生、お元気ですか。
こんど、運動会があるので、
ごあんないします。
日時　五月二十七日（土）
午前九時開会
場所　東小学校　運動場
ぼくは、ソーランぶしをおどります。
ぜひ、見に来てください。
山田　こうた
川野先生

わか葉が美しいきせつになりました。
川野先生、お元気ですか。
こんど、運動会があるので、
ごあんないします。
日時　五月二十七日（土）
午前九時開会
場所　東小学校　運動場
ぼくは、ソーランぶしをおどります。
ぜひ、見に来てください。
山田　こうた
川野先生

95頁

手紙を書こう　はがきで書くとき ④-(1)

名前

● 次の事がらをはがきに書いて、はがきをかんせいさせましょう。

① はじめのあいさつ　おばあちゃん、お元気ですか。

② つたえること　六月七日（水）午前十時から
南小学校で図工てんがあります。
ぼくの絵もあります。
ぜひ、見に来てください。

③ 書いた日　五月十日

④ 自分の名前　山川　けんと

おばあちゃん、お元気ですか。
六月七日（水）午前十時から
南小学校で図工てんがあります。
ぼくの絵もあります。
ぜひ、見に来てください。
五月十日
山川　けんと

96頁

手紙を書こう　はがきで書くとき ④-(2)

名前

● 次の事がらをはがきに書いて、はがきをかんせいさせましょう。

① はじめのあいさつ　暑い日が続きます。
森村先生、お元気ですか。

② つたえること　夏休みに、ほ育園のお楽しみ会に
行くよていです。
先生に会えるのが楽しみです。

③ 書いた日　七月十五日

④ 自分の名前　林　みちる

暑い日が続きます。
森村先生、お元気ですか。
夏休みに、ほ育園のお楽しみ会に
行くよていです。
先生に会えるのが楽しみです。
七月十五日
林　みちる

97頁

こそあど言葉を使って文を作ろう ①

名前

● 絵を見て、［　］にあてはまる言葉を□からえらび、文を作りましょう。

① わたしがひろった［この］えんぴつは、だれのものだろう。

② いったい［どれ］が、あなたのかばんですか。

③ 本を持っている

あなたが持っている［その］本を、わたしにかしてください。

その　この　どれ

本書の解答は，あくまでもひとつの例です。児童に取り組ませる前に，必ず指導される方が問題を解いてください。指導される方の作られた解答をもとに，児童の多様な考えに寄り添って○つけをお願いします。

解答例

98頁

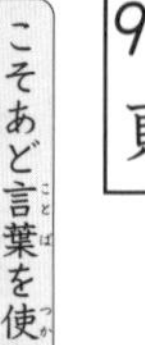

こそあど言葉を使って文を作ろう ②

名前

● 絵を見て、［　］にあてはまる言葉を□からえらび、文を作りましょう。

(1)

① あのペンは、だれのものですか。

② どのペンが書きやすいかな。

どの　あの

(2)

① そのペンをかしてくれませんか。

② このペンで、日記を書きます。

その　この

99頁

こそあど言葉を使って文を作ろう ③

名前

● 絵を見て、［　］にあてはまる言葉を□からえらび、文を作りましょう。

(1)

① しばらくあちらの部屋でおまちください。

② あんなゲームが、あったらいいな。

あんな　あちら

(2)

① あの山は、何という山ですか。

② あれが、ぼくのかいた絵です。

あの　あれ

100頁

こそあど言葉を使って文を作ろう ④

名前

● 絵を見て、［　］にあてはまる言葉を□からえらび、文を作りましょう。

(1)

① 今すぐ、そちらへ行きます。

② そんなふうにボールをなげられるといいな。

そんな　そちら

(2)

① きみのそのペンをかしてください。

② そこで、動かずにまっていてください。

その　そこ

101頁

慣用句を使って文を作ろう ①

名前

● ［　］にあてはまる慣用句を□からえらび、文を作りましょう。

① お母さんが、帰ってくるのを首を長くしてまっていました。

② 買い物の帰りにあぶらを売って、なかなかもどってきません。

③ わたしの家の庭は、ねこのひたいくらいの大きさです。

あぶらを売って　首を長くして　ねこのひたい

解答例

本書の解答は，あくまでもひとつの例です。児童に取り組ませる前に，必ず指導される方が問題を解いてください。指導される方の作られた解答をもとに，児童の多様な考えに寄り添って○つけをお願いします。

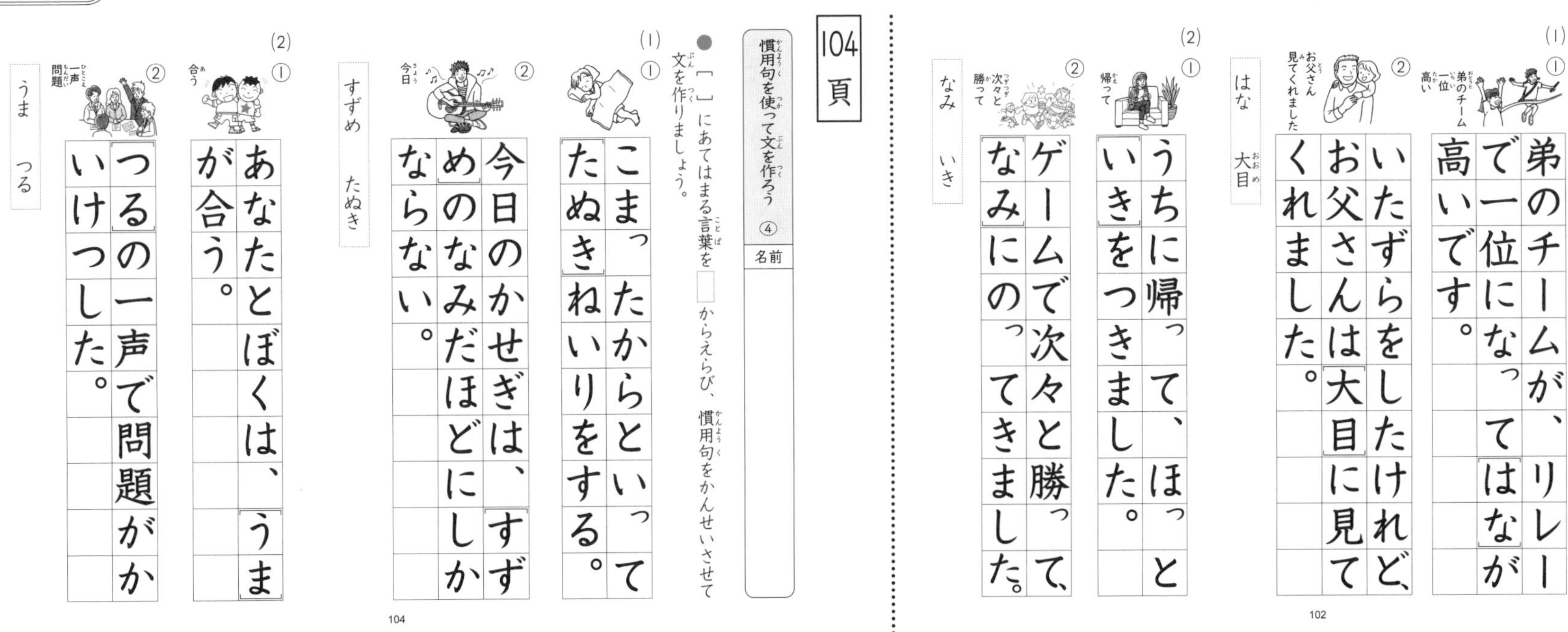

102頁

慣用句を使って文を作ろう ②　名前

● [ ] にあてはまる言葉を □ からえらび、慣用句をかんせいさせて文を作りましょう。

(1)

はな　大目

① 弟のチーム　一位　高い

弟のチームが、リレーで一位になって[はな]が高いです。

② お父さん　見てくれました

いたずらをしたけれど、お父さんは[大目]に見てくれました。

(2)

なみ　いき

① 帰って

うちに帰って、ほっと[いき]をつきました。

② 次々と勝って

ゲームで次々と勝って、[なみ]にのってきました。

102

103頁

慣用句を使って文を作ろう ③　名前

● 次の文に使われている慣用句の意味を考えて [ ] に言葉を書き、文をかんせいさせましょう。

① 負ける　かた　おとす　帰る

しあいに負けて、[かた]をおとして帰りました。

② おいしい　目　丸く

あまりおいしいので、[目]を[丸く]しました。

③ 何度　言われる　耳　いたい

何度も、もんくを言われて、[耳]が[いたい]です。

④ 山登り　足　ぼう

山登りをして、[足]が[ぼう]になりました。

103

104頁

慣用句を使って文を作ろう ④　名前

● [ ] にあてはまる言葉を □ からえらび、慣用句をかんせいさせて文を作りましょう。

(1)

すずめ　たぬき

①

こまったからといって[たぬき]ねいりをする。

② 今日

今日のかせぎは、[すずめ]のなみだほどにしかならない。

(2)

うま　つる

① 合う

あなたとぼくは、[うま]が合う。

② 一声　問題

[つる]の一声で問題がかいけつした。

104

105頁

送りがなに気をつけて文を作ろう ①　名前

● 送りがなに気をつけて、次の漢字や言葉を使い、文を作りましょう。

(1) 着　き(る)　つ(く)

① 寒い　服　着た

[寒]いので、[服]をたくさん[着]た。

② 学校　一番　着いた

[学]校に[一番]に[着]いた。

(2) 出　だ(す)　で(る)

① 手紙　出す

おばあちゃんに[手]紙を[出]す。

② 朝早く　家　出る

朝早く、[家]を[出]る。

(3) 重　おも(い)　かさ(なる)　かさ(ねる)

① 重い　荷物　持つ

[重]い荷物を持つ。

② 休日　たん生日　重なる

たん生日が、[休日]と[重]なる。

③ 着物　重ねて　着る

[着]物を[重]ねて着る。

105

106頁

送りがなに気をつけて文を作ろう ②

名前

(1) 送りがなに気をつけて、次の漢字や言葉を使い、文を作りましょう。

育　そだ（つ）　そだ（てる）　はぐく（む）

①  子ども　元気　育つ

子どもが、元気に育つ。

②  作物　大きく　育てる

作物を大きく育てる。

③  親鳥　ひな　だいて　育む

親鳥が、ひなをだいて育む。

(2) 送りがなに気をつけて、次の漢字や言葉を使い、文を作りましょう。

苦　くる（しい）　にが（い）

①  マラソン　苦しい　練習

マラソンで苦しい練習をした。

②  苦い　薬　飲んだ

かぜをひいて、苦い薬を飲んだ。

106

107頁

送りがなに気をつけて文を作ろう ③

名前

(1) 送りがなに気をつけて、次の漢字や言葉を使い、文を作りましょう。

下　お（りる）　くだ（る）　さ（がる）

①  駅　階だん　下りる

駅の階だんを下りる。

②  山道　下る　国道　出る

山道を下ると、国道に出る。

③  やっと　ねつ　下がった

やっと、ねつが下がった。

(2) 送りがなに気をつけて、次の漢字や言葉を使い、文を作りましょう。

生　い（きる）　う（まれる）　は（える）　（れい）

① 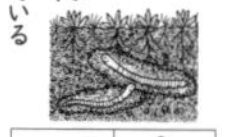 虫　土の中　生きている

虫が土の中で生きている。

②  子犬　三びき　生まれた

子犬が三びき生まれた。

③  庭　草　生えている

庭に草が生えている。

107

108頁

いろいろなふ号を使って文を作ろう ①

名前

● 丸（。）、点（、）、中点（・）、ダッシュ（—）のふ号を書きくわえて、文をかんせいさせましょう。

①  小学生　点（、）丸（。）

ぼくは、小学生です。

②  点（、）丸（。）

さあ、はじめよう。

③  つる　すずめ　うぐいす　鳥　中点（・）点（、）丸（。）

つる・はと・すずめ・うぐいすなど、これらは、鳥のなかまです。

④  道のり＝道にそってはかった長さ　丸（。）

道のり——道にそってはかった長さ。

⑤  まあ、なんてうつくしい—　ダッシュ（—）丸（。）

まあ、なんてうつくしい——。

108

109頁

いろいろなふ号を使って文を作ろう ②

名前

● かぎ「　」、二重かぎ『　』、かっこ（　）のふ号を書きくわえて、文をかんせいさせましょう。

①
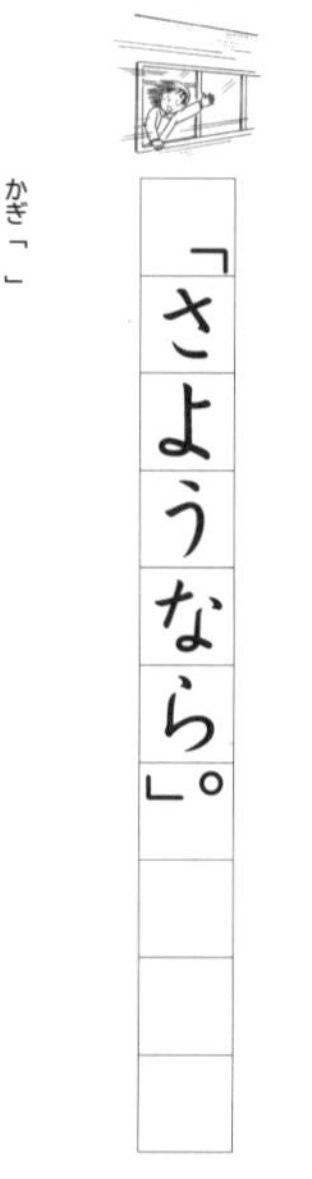

「さようなら。」

② 言いました　かぎ「　」
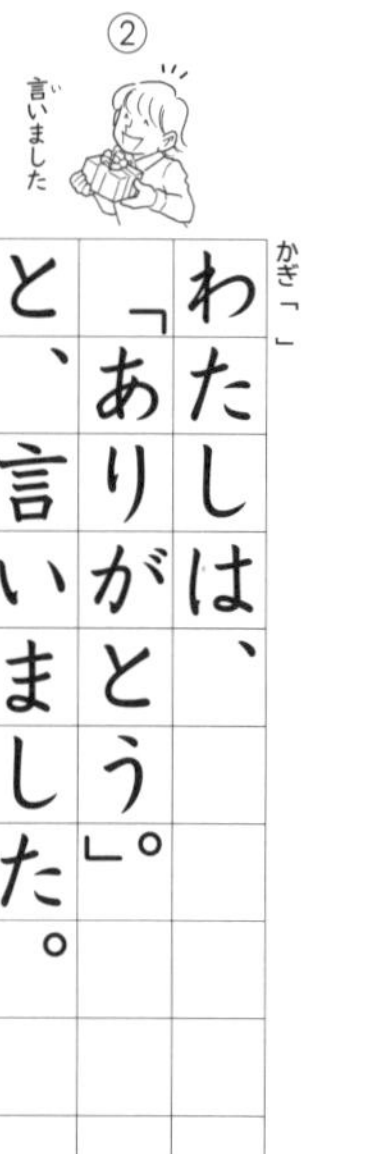

わたしは、「ありがとう。」と、言いました。

③  思いました　かっこ（　）

ぼくは、（きれいだな。）と思いました。

④ 二重かぎ『　』

「おばあさんが、『おみやげです。』って、おかしをもってきたよ。」

109

解答例

本書の解答は，あくまでもひとつの例です。児童に取り組ませる前に，必ず指導される方が問題を解いてください。指導される方の作られた解答をもとに，児童の多様な考えに寄り添って○つけをお願いします。

110頁

いろいろなふ号を使って文を作ろう ③ よこ書き

名前

● 次の手紙を書きうつしましょう。

5月15日
西小学校
三年一組のみなさんへ
南小学校
小林　ひろ
　校庭の緑の葉がきれいなきせつとなりました。
　先日の交流会は，とても楽しかったです。
　ありがとうございました。
　次は，わたしの学校へも来てください。
・日時　7月7日（金）
　　　　5時間目
・内容　七夕音楽会
　楽しみにお待ちしています。

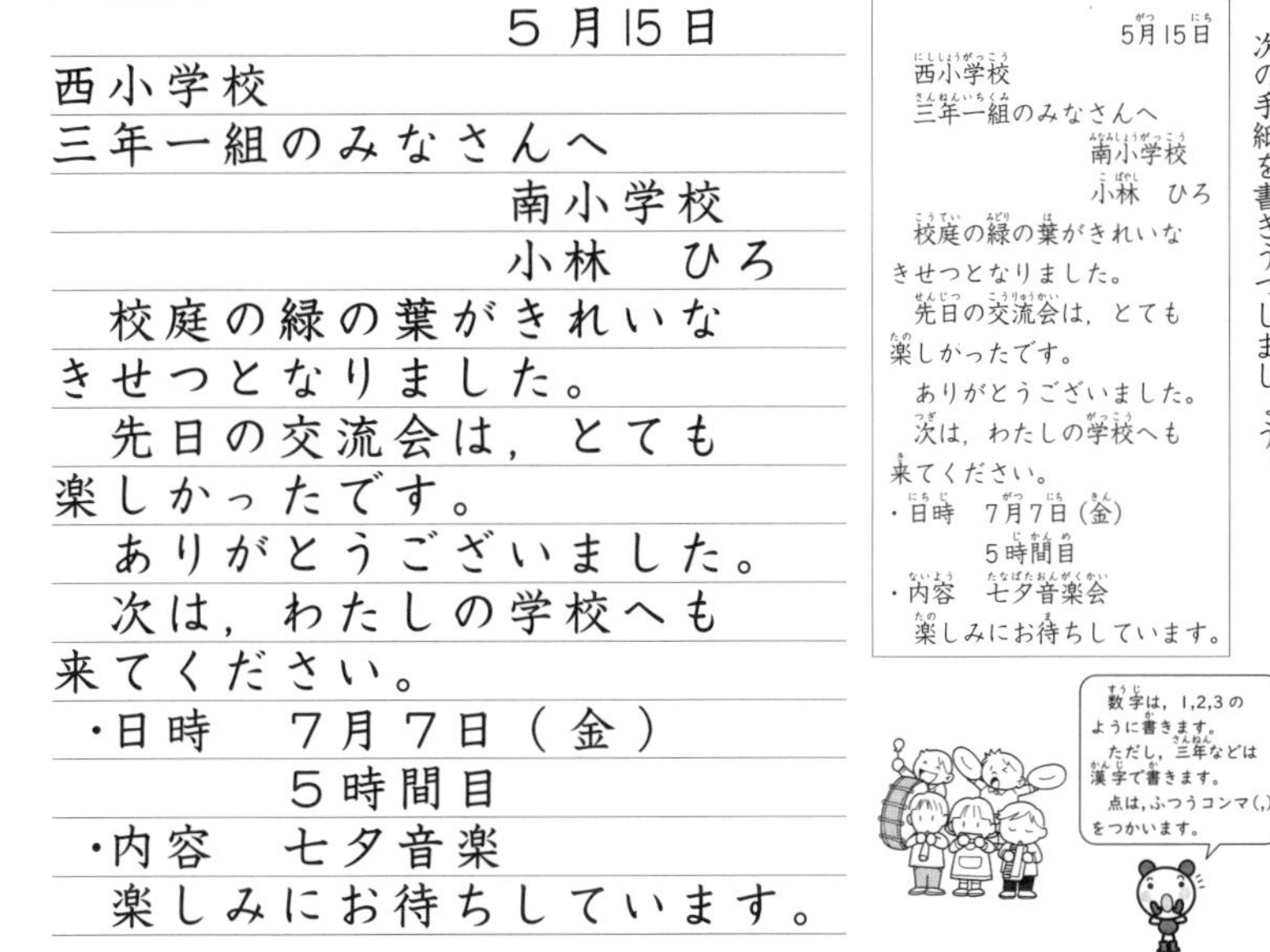

5月15日
西小学校
三年一組のみなさんへ
南小学校
小林　ひろ
　校庭の緑の葉がきれいなきせつとなりました。
　先日の交流会は，とても楽しかったです。
　ありがとうございました。
　次は，わたしの学校へも来てください。
・日時　7月7日（金）
　　　　5時間目
・内容　七夕音楽
　楽しみにお待ちしています。

111頁

はじめ・中・おわりのまとまり

名前

● 「言葉で遊ぼう」を、次のようにまとめました。（　）の言葉をなぞって書きましょう。また、上の□に、はじめ・中・おわり を書きましょう。

はじめ

（言葉遊び）には、ほかにどのようなものがあるのでしょうか。また、どのような楽しさがあるのでしょうか。

中

にた音や同じ音の言葉を使って文を作るのが（しゃれ）です。（しゃれ）には、言葉のもつ音と意味とを組み合わせるという楽しさがあるのです。上から読んでも下から読んでも同じになる言葉や文が（回文）です。（回文）には、見つけたり、自分で作ったりする楽しさがあります。言葉を作っている文字をならべかえて、べつの言葉を作るのが（アナグラム）です。元の言葉とは全くちがう意味の言葉を作る楽しさがあるのです。

おわり

言葉遊びをするのには、ふだん使っている（言葉だけ）で、楽しい時間をすごすことができます。

112頁

「問い」と「答え」に気をつけて文を作ろう

名前

● 次の文章を「問い」と「答え」に気をつけて、なぞって書きましょう。また、上の□に「問い」か「答え」を書きましょう。

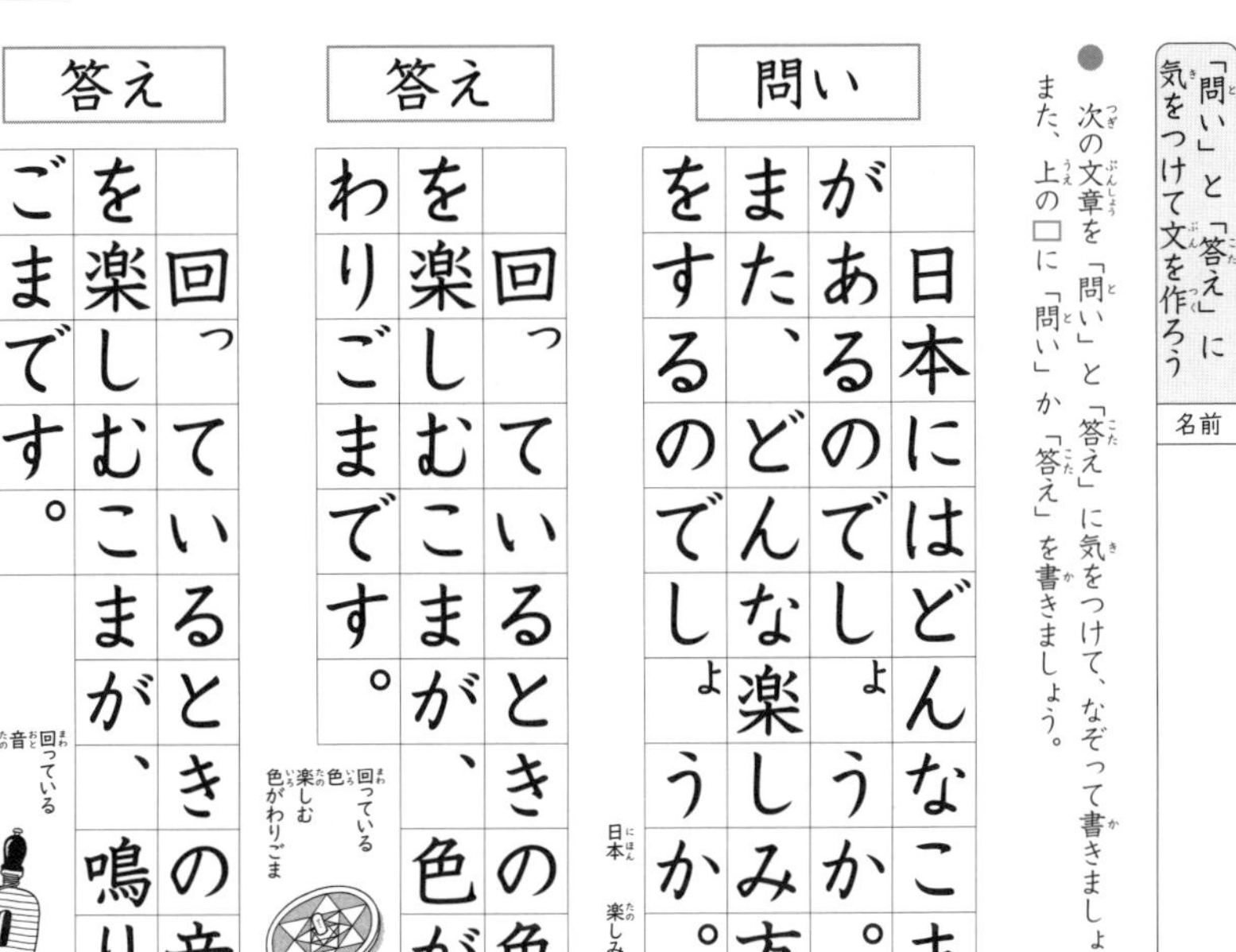

問い

日本にはどんなこまがあるのでしょうか。また、どんな楽しみ方をするのでしょうか。

日本　楽しみ方

答え

回っているときの色を楽しむこまが、色がわりごまです。

回っている　色　楽しむ　色がわりごま

答え

回っているときの音を楽しむこまが、鳴りごまです。

回っている　音　楽しむ　鳴りごま

113頁

原こう用紙の使い方 ①

名前

● 原こう用紙の書き方に気をつけて、書きましょう。

るすばん

山川　みか

お母さんが、用事で出かけるので、るすばんをすることになりました。

題名は、はじめの行に上から二、三ます空けて書く。

名前は下から一ます空けて書く。

書き始めは、一ます空ける。

く点（。）や読点（、）は、一ますに書く。

114頁

原こう用紙の使い方 ②　名前

● 原こう用紙の書き方に気をつけて、書きましょう。

校外学習のこと

原田　かな

春の校外学習は、水ぞく館へ行きました。

わたしは、ペンギンのショーが楽しかったです。

「もう一ど見たいな。」

と、けんたくんが言いました。

題名は、はじめの行に上から二、三ます空けて書く。

話した言葉は、行をかえて「。」をつけて書く。

く点（。）が行のはじめに来ないように、文字といっしょに書く。

115頁

原こう用紙の使い方 ③　名前

● 原こう用紙の書き方に気をつけて、書きましょう。

サッカーのしあい

白石　りく

きのう、サッカーのしあいがありました。

がんばったけど、負けてしまいました。

「よくがんばったよ。」

と、お父さんが言ってくれました。

116頁

人物や物や事がらの様子を表す言葉を使って文を作ろう　名前

(1) 人物を表す言葉を使って、文を作りましょう。

① お兄さん　がんばり屋

お兄さんは、がんばり屋です。

② 妹　負けずぎらい

妹は、負けずぎらいです。

(2) 物や事がらの様子を表す言葉を使って、文を作りましょう。

①（れい）話　あっけなく　すみました

話は、あっけなくすみました。

②（れい）字　ていねい　書きます

ていねいに、字を書きます。

117頁

考え方や気持ちを表す言葉を使って文を作ろう　名前

(1) 考え方を表す言葉を使って、文を作りましょう。

① まるで　お日様のよう　明るい人

まるでお日様のように明るい人だ。

② ぼくの考え　お兄さんと　ことなります

ぼくの考えは、お兄さんとことなります。

(2) 気持ちを表す言葉を使って、文を作りましょう。

①（れい）きょう　風　さわやか

きょうは、風がふいてとてもさわやかです。

②（れい）あす　遠足　待ち遠しい

あすの遠足が待ち遠しいです。

解答例

本書の解答は，あくまでもひとつの例です。児童に取り組ませる前に，必ず指導される方が問題を解いてください。指導される方の作られた解答をもとに，児童の多様な考えに寄り添って○つけをお願いします。

118頁

ていねいな言い方になおして文を作ろう ①

名前

● ――線の言葉を「ていねいな言い方」になおして、文を作りましょう。

① ぼくは、とても元気だ。

ぼくは、とても元気です。

② お母さんが、朝食を作る。

お母さんが、朝食を作ります。

③ 明日は、学校が休みだ。

明日は、学校が休みです。

④ お姉さんと買い物に行った。

お姉さんと買い物に行きました。

118

119頁

ていねいな言い方になおして文を作ろう ②

名前

● ――線の言葉を「ていねいな言い方」になおして、文を作りましょう。

① きょうの天気は、雨だ。

きょうの天気は、雨です。

② 大きな声で、歌を歌う。

大きな声で、歌を歌います。

③ 友だちが、遊びに来る。

友だちが、遊びに来ます。

④ うちの家には、犬とねこがいる。

うちの家には、犬とねこがいます。

119

喜楽研の支援教育シリーズ
もっと　ゆっくり　ていねいに学べる　個別指導に最適

作文ワーク　基礎編　3-①「読む・写す・書く」

光村図書・東京書籍・教育出版の教科書教材より抜粋

2023年4月2日

イ ラ ス ト：山口　亜耶・日向　博子・白川　えみ　他
表紙イラスト：鹿川　美佳
表紙デザイン：エガオデザイン
企 画 ・ 編 著：原田　善造・あおい　えむ・堀越　じゅん・今井　はじめ・さくら　りこ
中　あみ・中　えみ・中田　こういち・なむら　じゅん・はせ　みう
ほしの　ひかり・みやま　りょう（他4名）
編 集 担 当：岡口　洋輔・田上　優衣・堀江　優子

発　行　者：岸本　なおこ
発　行　所：喜楽研（わかる喜び学ぶ楽しさを創造する教育研究所：略称）
〒604-0827　京都府京都市中京区高倉通二条下ル瓦町 543-1
TEL 075-213-7701　FAX 075-213-7706　HP https://www.kirakuken.co.jp
印　　　刷：株式会社米谷

ISBN : 978-4-86277-437-8

Printed in Japan